Niños hiperactivos

Niños hiperactivos

Redacción de texto: Teodoro Gómez
Directora de arte: Monique Smit
Diseño de cubierta: Estudio Idée
Fotografía de cubierta: Index
Diseño de maqueta: Imma Pla
Fotografías de interior: Photodisc
Maquetación: Pacmer, S. A.

© 2000, RBA Libros, S.A.
Pérez Galdós, 36 / 08012 Barcelona

Ref.: LPP-8 / ISBN: 84-7901-537-3
Depósito legal: B-26.116-2000
Impreso y encuadernado por: Bigsa

Niños hiperactivos

RBA 👁 práctica

Índice

Prólogo

A todos nos parece que los niños de hoy son más activos que cuando nosotros éramos de su edad. Los padres corremos a averiguar qué les sucede a nuestros hijos y acudimos a librerías y bibliotecas en busca de obras que hablen sobre temas tan de actualidad como el de la hiperactividad. ¿Por qué nuestro hijo no se está quieto? ¡Se cansa de todo en seguida! ¡No podemos con él! Y lo peor es que no aprende nada en la escuela y no deja en paz a sus compañeros.

La mayoría de padres queremos saber por nosotros mismos qué sucede con nuestros hijos. En algunos casos, el exceso de actividad no es un trastorno grave, sino una consecuencia de las prisas que imponen los tiempos actuales, en que se quieren realizar demasiadas cosas en muy poco tiempo. Esto no es preocupante, siempre que el niño no acabe sufriendo estrés o ansiedad. Sin embargo, si el trastorno de hiperactividad se confirma –sin que tenga nada que ver con las prisas– y llegamos al extremo de necesitar ayuda, nos interesa conocer cómo tratan el trastorno los especialistas y, sobre todo, necesitamos saber cómo comportarnos con nuestro hijo y cuál es nuestro papel en el tratamiento.

Por eso, en primer lugar, los padres necesitamos saber si nuestros hijos entran en la categoría de niños hiperactivos. Obviamente, la hiperactividad no es una manifestación espontánea, no se trata de que el niño se excite sobremanera por la visita de un extraño –o de un amigo– y pretenda que éste no deje de jugar con él ni un solo instante durante las siete u ocho horas que permanezca en casa; es algo más perdurable.

La finalidad de este libro es ayudar a los padres a determinar si su hijo es hiperactivo, cómo convivir con él en caso de que lo sea y qué hacer para que su trastorno no le represente una carga insoportable, ni ahora ni cuando sea adulto.

Vamos a empezar por definir qué se entiende por hiperactividad y cuáles son sus características y sus síntomas, para que sepan a qué atenerse los padres que tengan niños inquietos, incapaces de permanecer inactivos un solo instante, que van de un lado a otro como una pelota de pimpón hasta caer exhaustos, que no pueden prestar atención en el colegio, y que distraen a los demás y se retrasan en los estudios. No todos los niños son iguales ni todas las manifestaciones de hiperactividad son las mismas.

EN OCASIONES, EL EXCESO de actividad de un niño es consecuencia del ritmo de vida actual y no de un trastorno.

Después vamos a ver cuáles son las causas que pueden provocar este trastorno –diversas y relacionadas con todos los factores que influyen en la vida del niño– y cómo éste se evalúa en cada una de las áreas –biológica, académica, familiar– que tienen alguna relación con su origen para así buscar un criterio común que permita diagnosticarlo.

Una vez llegados aquí, ya habremos descubierto que los diagnósticos de hiperactividad son poco claros en niños de dos a seis años, edad en que suele manifestarse el trastorno por primera vez, pues quizás el pequeño sea simplemente muy activo en

LOS PRIMEROS SÍNTOMAS de hiperactividad aparecen en el niño entre los dos y los seis años.

horas o situaciones en que más nos molesta –por causas que es posible determinar–, o bien que se sienta estresado o ansioso.

Si el diagnóstico está claro, seguiremos adelante con la aplicación del tratamiento, que actualmente tiende a incidir sobre su comportamiento y su proceso cognitivo, aunque en casos graves se combina con la administración de fármacos y, siempre, con actitudes que implican a los padres y a los educadores.

En este sentido, el libro ofrece numerosos consejos y pautas de conducta para que los padres sepan cómo comportarse con su hijo en caso de tener este problema y actúen siempre de una manera positiva para evitar que el trastorno se agrave.

Los métodos propuestos tienen como objetivo que los problemas de esos niños no sean causa de fracaso escolar, que no se sientan diferentes de los demás y, muy importante, que sean capaces de llevar una vida normal. Pero, sobre todo, están dirigidos a los padres, para que dejen de sentirse culpables y puedan ayudar a su hijo a salir adelante, una vez hayan decidido tomar parte activa en la superación del trastorno.

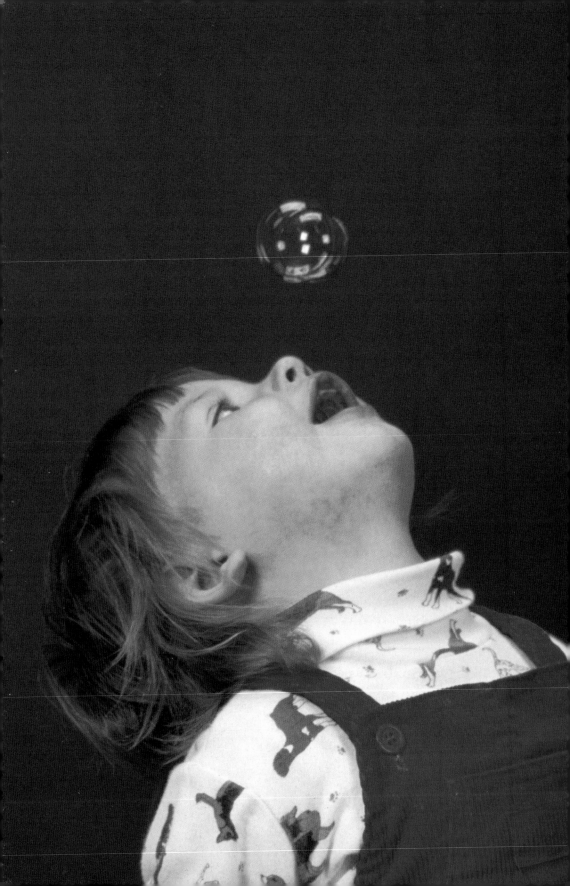

¿Qué se entiende por hiperactividad?

¿Qué se entiende por hiperactividad?

Hoy en día la mayoría de niños son muy activos, juegan continuamente, no se están quietos, se cansan de sus juguetes, alborotan en cualquier parte, se mueven como peonzas locas y son incansables. Los padres respiran cuando, a las diez de la noche, después de siete horas en la guardería, dos con los abuelos y cuatro en casa, en las que su hijo no ha parado de saltar sobre los sofás, apenas se ha distraído con la televisión y ha convertido la cena en una lenta y penosa masticación llena de lamentos y persecuciones, cae rendido en cualquier sitio, ya sea un sillón o las faldas de su madre.

¿Quiere esto decir que el niño es hiperactivo?

No tiene por qué serlo, ya que la hiperactividad es un trastorno y un niño que la padece es, por definición, incapaz de inhibirse, es decir, que se deja arrastrar por un comportamiento desordenado que le impide estarse quieto y concentrarse, y que, a veces, le lleva a ser agresivo con los demás por esa misma incapacidad de controlar sus impulsos.

> LA HIPERACTIVIDAD se caracteriza por la incapacidad de controlar un comportamiento desordenado.

¿Hiperactivo o bullicioso?

Es importante tener clara la diferencia que hay entre un niño como el descrito, extraordinariamente inquieto e impulsivo, que no puede prestar la atención necesaria para aprender, con serios problemas para reprimirse y para evolucionar normalmente en relación con otros niños de su edad, y uno simplemente bullicioso, que es por naturaleza un terremoto, pero que cuando algo le interesa de verdad se está quieto.

En muchos casos, la hiperactividad no se detecta hasta que el niño empieza a ir a la escuela, donde no deja de molestar a sus compañeros y no aprende. Si esto sucede, hay dos alternativas: que el colegio tenga un psicólogo infantil y él mismo inicie las pruebas o que el educador comunique este comportamiento a los padres. En este caso, éstos deberán llevar a su hijo al pediatra o al psicólogo para que haga las evaluaciones necesarias.

El término hiperactividad, como su nombre indica, hace referencia a una actividad exagerada y está asociado –en tanto que patología– a la falta de atención, por lo que se denomina también trastorno de déficit de atención con hiperactividad (TDA-H).

En la práctica, el concepto de hiperactividad se aplica a los niños que, además de su excesiva inquietud, tienen dificultades para concentrarse –y, por lo tanto, problemas en el aprendizaje–, que no pueden evitar comportarse de una manera poco adecuada y que se muestran inmaduros para su edad. Además, es esencial para ser incluidos en esta categoría que mantengan este comportamiento de forma persistente.

No debe confundirse la hiperactividad con otros trastornos infantiles asociados a los mismos síntomas de inquietud, excesiva movilidad y falta de atención, como el retraso mental, o con lesiones cerebrales que hayan afectado a la capacidad intelectual: el niño hiperactivo tiene un cociente intelectual normal. Tampoco debe confundirse con el autismo, ni con los casos en que el pequeño padece estrés por algún acontecimiento traumático (la muerte de uno de los progenitores, un divorcio, peleas en casa) que causa síntomas parecidos, ni con el de aquellos niños que tienen simplemente trastornos de conducta de tipo agresivo con hiperactividad, cuyas causas y tratamiento son otros.

NO HAY QUE CONFUNDIR un niño bullicioso con uno hiperactivo, ya que este último presenta además falta de concentración.

¿A quién afecta?

Entre un tres y un cinco por ciento de los niños son hiperactivos. Se da más en los niños (ocho de cada cien) que en las niñas (dos de cada cien). La hiperactividad surge entre los dos y los seis años y desaparece con la adolescencia, aunque algunas personas conservan ciertos síntomas y han de seguir con el tratamiento cuando son adultas.

No todos los niños hiperactivos fracasan en la escuela. Hay que tener en cuenta que la hiperactividad presenta muchos grados, y los casos menos graves con frecuencia pasan inadvertidos o simplemente se considera que el niño es travieso y revoltoso.

Pedro, que hoy tiene treinta años, fue uno de esos niños en los que la hiperactividad se manifiesta de manera muy leve: nunca llegó a rendir de acuerdo con sus posibilidades porque era incapaz de prestar atención durante largo tiempo, y, aunque no debería haber sucedido nunca, recibió muchas palizas por ese motivo, a todas luces un método traumático e inadecuado que la mayoría de veces le llevó por el camino de la frustración. Se distraía porque se aburría en seguida con las tareas que le encomendaban. Las iniciaba lleno de entusiasmo, pero al poco rato quería hacer otra cosa. Sin embargo, era inteligente y conseguía salir adelante. Aún hoy, ya adulto, casado y con dos hijos, tiene una capacidad de distracción fantástica y, apenas ha iniciado un proyecto, ya se levanta del asiento y busca qué hacer para cambiar de actividad en el menor tiempo posible. Lo único que le salva es su capacidad para acabar los trabajos con rapidez.

No hay que preocuparse con antelación: el treinta por ciento de los padres considera que sus hijos son excesivamente activos, pero la mayoría no tiene ningún trastorno y por lo tanto no necesita tratamiento. Según el patrón que se utilice para medir la hiperactividad, el porcentaje de niños que precisan tratamiento varía entre el uno y el ocho por ciento.

LOS GRADOS LEVES DE hiperactividad suelen pasar inadvertidos.

En el Reino Unido, la mayoría de casos de actividad excesiva se consideran simples trastornos de conducta y se les da un tratamiento educativo y psicológico; en cambio, en Estados Unidos, que es donde más se ha investigado sobre esta cuestión, se utilizan los porcentajes que hemos indicado más arriba y que son extensivos a nuestro país.

LA FALTA DE ATENCIÓN se considera hoy uno de los principales síntomas de la hiperactividad.

¿Desde cuándo se conoce?

Los primeros casos documentados datan de mediados del siglo XIX, pero la hiperactividad –conocida como hipercinesia– no se describió hasta principios del siglo XX, asociada a problemas morales y no a dificultades de aprendizaje relacionadas con el desarrollo intelectual. Más adelante se le atribuyó un origen neurológico pero, al no encontrarse pruebas de ello, en los años sesenta pasó a considerarse un problema de comportamiento en niños que manifestaban una actividad motora incesante. En los años setenta se asoció esa movilidad excesiva a una incapacidad para mantener la atención y para poner límites al comportamiento. En los años ochenta se definió la hiperactividad asociándola a la falta de atención y a la impulsividad.

Finalmente, en los años noventa se relacionó con los problemas que ya hemos mencionado en la definición del trastorno: la

incapacidad del niño para inhibirse por una serie de causas que aún se están investigando, junto con un comportamiento desordenado, impulsividad, falta de atención, agresividad y otros síntomas que iremos dando a conocer a lo largo de este libro.

¿Dónde se descubre?

En casa

Es poco probable que los padres consideren que su hijo está padeciendo un trastorno antes de ir a la escuela, aunque, una vez iniciados los estudios para su diagnóstico, reconozcan que el niño no se estaba quieto un solo instante, no había manera de que permaneciera en una silla sin agitarse, rompía cosas sin poder evitarlo, no les prestaba atención, respondía antes de que acabaran de preguntarle, se peleaba con sus hermanos continuamente y requería de una manera constante su atención, para lo que no dudaba en interrumpir sus conversaciones con amigos o conocidos o en realizar arriesgadas acrobacias.

UNA DE LAS FUNCIONES del psicólogo consiste en incrementar la comunicación entre los padres y el niño hiperactivo.

En ocasiones, a los progenitores de un niño hiperactivo les llega a parecer divertido y estimulante tener un hijo así porque actúa de acuerdo con su forma de ser; incluso es posible que lleguen a ponerse de acuerdo con él y que haya un entendimiento mutuo muy positivo. Sin embargo, casi todos los padres no están preparados para este tipo de niños: quizá lo estén más para entenderse con un hijo que sea tímido e introvertido. De todos modos, hay que decirles que es posible aprender a relacionarse con ellos perfectamente. Ese es uno de nuestros objetivos, y, en todo caso, el psicólogo proporciona una ayuda definitiva en este sentido.

En ningún momento los padres que tienen un hijo hiperactivo deben desesperarse. Este tipo de niños requiere mucha paciencia, pero, una vez conocidos los síntomas y los métodos adecuados para su tratamiento, los progresos se producen siempre y son muy satisfactorios.

Es probable que el niño no tenga problemas en la guardería, de modo que si no presenta trastornos evidentes no hay necesidad de pensar que sufre hiperactividad. Puede padecer tensiones por cualquier otra cosa, quizá tenga un exceso de energía –algo que no dejaría de ser señal de buena salud– o se sienta interesado por infinidad de cosas y necesite un mayor campo de actividades.

Muchos niños son incapaces de estarse quietos mientras comen, pero esto no es necesariamente un síntoma de hiperactividad. Los problemas empiezan cuando es incapaz de concentrarse en actividades que necesitan un mínimo de atención, sobre todo en el colegio, donde no puede acabar ninguno de los trabajos propuestos por los profesores. En realidad, hasta los tres o cuatro años es muy difícil saber si el niño es simplemente muy activo o alborotador debido a su propia naturaleza o a que tiene un problema. En unos casos, sus alteraciones desaparecen cuando va a la escuela; en otros, empeoran, y es aquí cuando los padres tendrán que empezar a preocuparse.

A PRINCIPIOS DEL SIGLO xx se relacionaba el trastorno hipercinético con una disfunción cerebral mínima asociada a una predisposición heredada.

En la escuela

Algunos pequeños que dan la sensación de ser hiperactivos en casa se tranquilizan al llegar a la escuela, donde se encuentran con nuevos amigos y con actividades que no tenían en su hogar. Estos niños, a veces muy inteligentes, no tienen el síndrome, son muy activos, se muestran inquietos, necesitan el estímulo que implica el contacto con nuevos compañeros, nuevas tareas y nuevas distracciones, y son perfectamente capaces de organizarse y de saber cuándo deben tranquilizarse.

En cambio, los niños que sí padecen el síndrome de la hiperactividad no pueden estarse quietos en el asiento, se levantan sin necesidad, corren y saltan en exceso, se muestran nerviosos, no hacen lo que se les dice, están confundidos y se distraen con cualquier cosa que suceda a su alrededor. Además, pasan de una cosa a otra de una forma azarosa, de manera que les resulta imposible seguir las explicaciones del profesor. Pretenden que sus compañeros participen de sus distracciones ignorando que están en clase, y consiguen que un profesor que no reconozca su problema les considere unos alborotadores. Si trata de reprimirlos sin seguir el método adecuado, agravará su trastorno y acabará teniendo que avisar a los padres. Se lamentará: «No puedo con él», «no deja en paz a los demás».

Pedro y María tienen dos hijos, Ana, de nueve, y Erasmo, de siete. Cuando tenía sólo cuatro años, Erasmo empezó a darles muchos problemas y los profesores se quejaban de que en el colegio no hacía nada y tampoco dejaba hacer nada a sus compañeros. Al cabo de un año se le diagnosticó hiperactividad. Por suerte para Erasmo, en casa tiene una familia bien avenida y tanto Pedro como María han estado siempre dispuestos a prestar ayuda a su hijo y a seguir todas las recomendaciones que les proporcionan los expertos.

Cualquier niño, sea hiperactivo o no, tiene menos dificultades para adaptarse a otros entornos, como el escolar, si en su casa han sabido tratarlo del modo adecuado y no acumula las frustraciones propias de los pequeños a los que se les reprocha de manera continua su actitud, o simplemente son ignorados porque el ambiente del hogar está crispado y cada miembro de la familia se preocupa sólo de sus propios asuntos.

Síntomas

Las teorías recientes más aceptadas por los especialistas en este trastorno sostienen que un niño hiperactivo es aquel que no puede inhibir una conducta desordenada o que es incapaz de controlar su comportamiento. Los síntomas asociados a esta ausencia de inhibición son:

Falta de atención

Es el síntoma que tiene peores consecuencias y el más duradero. El niño no es capaz de llevar a cabo la misma tarea mucho tiempo. No sigue el ritmo de sus compañeros de primer curso de primaria, que ya pueden estar durante una hora concentrados en un trabajo determinado. Quiere cambiar de actividad en seguida, se olvida de las cosas, pierde los útiles que emplea.

La principal consecuencia de lo anterior es un menor rendimiento académico. El niño hiperactivo muestra dificultades para prestar atención en clase. No capta los detalles de lo que le están explicando, tiene descuidos y comete errores con facilidad. Carece de la capacidad de concentración necesaria para aprender. La situación se complica a medida que avanza la escolarización ya que cada vez se exige más dedicación a un tema específico.

El pequeño también se distrae cuando juega o participa en cualquier actividad con los demás niños. Si se le habla parece que no escucha, y en realidad no lo hace: por eso no sigue instrucciones, no porque no las entienda.

Por otro lado, el niño hiperactivo tiene dificultades para organizarse cuando las tareas son algo complicadas o largas, y se molesta, se enfada o refunfuña si se ve obligado a hacer un esfuerzo mental prolongado.

Actividad motora excesiva

El segundo de los síntomas más característico es el de la hiperactividad propiamente dicha; es decir, no estarse quieto un solo momento ni en casa ni en el colegio, como si el pequeño tuviera

LA FALTA DE AUTOCONTROL del niño se manifiesta en una personalidad muy desorganizada, que se traduce en un retraso visible en su desarrollo.

un motor interno imposible de detener hasta que se le acaba el combustible. A veces no deja de hablar, y otras se despierta dos horas después de haberse dormido y reinicia sus actividades.

La característica principal de este tipo de actividad excesiva es que se manifiesta de la forma más inoportuna y no tiene ninguna finalidad. Se produce, sobre todo, cuando más molesta, en lugares concurridos –un restaurante–, en casa mientras hay una visita o cuando el niño está solo. A veces, si cree que se le exige demasiado, estalla como un globo hinchado.

La actividad excesiva disminuye con la edad y es posible que a los doce años ya ni siquiera se manifieste, aunque también puede suceder que, en menor medida y sin que le resulte un impedimento para llevar una vida normal, la persona mantenga durante muchos años un grado de actividad superior al de los demás.

EN OCASIONES, NIÑOS hiperactivos que en casa no pueden estarse quietos se calman cuando empiezan a ir a la guardería, absorbidos por ese nuevo universo.

Los padres de Erasmo tienen que planificar muy bien sus salidas al restaurante. Cuando el niño tenía cinco años tuvieron que dejar de hacerlo porque se comportaba de una forma insoportable a juzgar por las demás personas: corría arriba y abajo con la boca llena, gritaba, estorbaba a los camareros –en más de una ocasión estuvieron a punto de sufrir un accidente– y ponía nerviosos a todos los presentes. Hoy, gracias a su hermanita, Ana, que siempre les ha ayudado muchísimo, pueden contenerlo lo suficiente para salir una vez a la semana: eso sí, a un restaurante que tenga un patio interior, donde los hermanos juegan a la vista de sus padres mientras éstos se relajan hablando con sus amigos durante la sobremesa.

Impulsividad

La tercera característica básica del trastorno que nos ocupa es que el niño que lo sufre es demasiado impulsivo. Actúa con excesiva rapidez en sus respuestas, no espera a saber lo necesario y contesta antes de que acaben de preguntarle. No es capaz de guardar turno en las colas y molesta a sus compañeros para interrumpir sus actividades.

Se dice que un niño con futuro es aquel que resiste la siguiente prueba: se le ofrece un caramelo y se le deja solo con la promesa de que si aguarda diez minutos sin comérselo se le regalará otro mejor. Pues bien, el niño hiperactivo no podría hacerlo. Se comería el caramelo inmediatamente, vencido por sus debilidades, olvidaría la recompensa y no podría resistir el impulso de actuar sin tener en cuenta las consecuencias. Ni siquiera se estaría quieto en el asiento; hasta es probable que se marchara de la habitación.

Lo que debe consolarnos en este caso es que los seres humanos somos capaces de aprender: si hay un niño capaz de aguardar al siguiente caramelo, los demás acabarán aprendiendo que es ventajoso para ellos y tendrán las mismas opciones que el que lo hizo por iniciativa propia.

Marta es una chica de doce años con un síntoma de hiperactividad ya prácticamente superado. No obstante, a veces es incapaz de controlar sus impulsos y dice cosas que ofenden a los demás. El otro día, sin ir más lejos, dijo a una amiga de su madre que le sentaba muy mal el color del lápiz de labios que llevaba. No lo pudo evitar, después de estarla observando de una forma descarada. No pasó nada y su madre adoptó la actitud más correcta: una vez solas, le explicó que lo que había hecho no estaba bien porque había ofendido los sentimientos de su amiga. La mejor manera de comportarse en estos casos es decir al niño lo que ha hecho mal y explicarle los motivos.

PONER A PRUEBA LA PACIENCIA de un niño puede conducir a resultados sorprendentes.

Carencia de autocontrol

Las teorías más recientes consideran que la característica más importante de la hiperactividad es la falta de inhibición del comportamiento. En algunos casos, se ha observado una menor actividad en las áreas del cerebro vinculadas con el aprendizaje del autocontrol y la regulación de la conducta.

En relación con esta falta de control y por debajo de los síntomas más visibles subyacen las dificultades del niño para aprender y comportarse, que pueden sintetizarse en cuatro apartados.

En primer lugar, el niño hiperactivo carece de la capacidad retentiva necesaria, es decir, de memoria. No se acuerda de las cosas, le cuesta mucho aprender por imitación secuencias complejas de comportamiento, no puede prever las acciones asociándolas con otras anteriores y, por lo tanto, apenas sabe organizarse. Tiene dificultades con la noción del tiempo.

En segundo lugar, no puede controlar sus emociones, no gobierna sus propios impulsos, no es capaz de detenerse cuando ha iniciado una acción. Se olvida de por qué ha empezado a hacer las cosas y tiene grandes dificultades para plantearse una meta y actuar durante cierto tiempo para conseguirla.

En tercer lugar, tiene problemas de comprensión al analizar las cosas y reflexionarlas. Le cuesta seguir instrucciones y normas, y, aun en el caso de aceptarlas, tiene problemas para seguirlas después del momento en que se le han dado. También tiene problemas para saber qué está bien y qué está mal. En personas ya adultas, este problema estaría relacionado con la moral y tal vez con los actos delictivos.

Algunos estudios aseguran que, en los niños hiperactivos tratados inadecuadamente, la delincuencia alcanza proporciones alarmantes, por eso es necesario que el tratamiento incida en los apartados que estamos comentando, ya que éstas son las causas más profundas del trastorno.

Por último, tiene problemas para analizar lo que está haciendo, para explicarse con fluidez y hacer las cosas pensando en un objetivo.

Decir que un niño tiene problemas para analizar su propio comportamiento es muy relativo, ya que les sucede a todos, pero la diferencia es que el hiperactivo no desarrolla estas capacidades durante el período de formación. No puede evitar sus propios impulsos, le resulta imposible persistir en una misma tarea o reemprenderla una vez interrumpida y es incapaz de hacerse una imagen interna de sus propios actos negativos para así evitarlos más adelante.

A la luz de los conocimientos actuales, las características más importantes de la hiperactividad –y las causas de todos los demás problemas– son: no tener capacidad retentiva, no poder controlar las emociones, no comprender bien las cosas y no ser capaz de analizar lo que se está haciendo.

¿Cómo evoluciona?

La hiperactividad no evoluciona en todos los niños de la misma forma: depende del grado del trastorno y de los resultados del tratamiento. El fracaso escolar, la frustración y una conducta agresiva pueden degenerar en comportamientos antisociales, pero en muchos casos el problema desaparece sin dejar huella. Precisamente para evitar los resultados negativos es necesario reconocer el trastorno y darle un tratamiento adecuado.

LA EFECTIVIDAD DEL tratamiento y el grado del trastorno inciden en la evolución de la hiperactividad.

Los síntomas de la hiperactividad son diferentes según la edad en la que aparecen. En los bebés, hasta los dos años, puede manifestarse por movimientos incontrolados durante el sueño, que se divide en periodos cortos con sobresaltos. Además, se muestran irritables y se resisten a los cuidados, aunque ni éste ni los demás síntomas son exclusivos de los niños hiperactivos. Entre los dos y los tres años se manifiesta porque empiezan a moverse demasiado –aunque otros niños también lo hacen– y, dado que no son conscientes del peligro, padecen accidentes con facilidad. Entre los tres y los cinco, empiezan a desobedecer y son incapaces de adaptarse a las normas. A partir de los seis se vuelven impulsivos, carecen de atención, fracasan en el colegio y no se adaptan a los comportamientos sociales. Si aún no lo han hecho, los padres tendrán que reconocer que tienen un problema y deberán actuar para resolverlo.

SI UN NIÑO ES HIPERACTIVO, resulta bastante difícil conseguir que deje de moverse continuamente.

En preescolar, los niños hiperactivos se diferencian de sus compañeros por el tipo de juegos que prefieren para mantenerse distraídos. En general, se trata de juegos en los que se realizan movimientos cortos y repetidos, de carácter mecánico. Por otro lado, no hablan demasiado, no cooperan y lo miran todo con mucho detenimiento, aunque no se paren en apreciaciones. Es posible que desarrollen tics nerviosos, como morderse las uñas o volver la cabeza con frecuencia, y que tengan tendencia a trastornos físicos (por ejemplo, dolor de cabeza o de estómago) relacionados con algún tipo de angustia o ansiedad.

En la edad escolar se distinguen de los demás en que tienen auténticas dificultades para estarse quietos y no son capaces de mantener la concentración en algo durante mucho tiempo. Estudian poco, no acaban los trabajos y no se toman el tiempo necesario para planificar cómo hacer los deberes.

Como en aritmética y en comprensión su nivel es más bajo que la media, estos niños suspenden frecuentemente y repiten curso. En algunos casos, abandonan los estudios. La proporción de muchachos que tienen estos problemas es de dos a tres veces mayor en los hiperactivos que en los normales.

Si seguimos a estos chicos hiperactivos durante su crecimiento, veremos que en la mitad de los casos sus problemas desaparecen; sólo en los casos graves se mantienen, y los afectados tienden a ser antisociales y a tener un nivel socioeconómico más bajo que el de sus hermanos.

En general, a los adolescentes hiperactivos no les interesan los deportes, sobre todo los de equipo, ya que son incapaces de cumplir el reglamento y de entrenarse con regularidad. Muchos acaban padeciendo depresiones, ahogados por el fracaso social que representa no tener éxito en ninguna de las actividades que les darían un cierto prestigio entre sus compañeros: los estudios y el deporte.

Según algunas investigaciones, cuando son mayores, aunque pueden elegir sus actividades, continúan teniendo dificultades en el hogar, tanto en su administración como en la relación con la pareja y los hijos; en el trabajo, donde prefieren que se les diga siempre lo que tienen que hacer porque no saben organizarse; y en la carretera, porque son nerviosos y suelen protagonizar más accidentes que el resto de conductores.

Hemos de insistir en que la hiperactividad tiene muchos grados, y sólo los casos más graves perduran durante la madurez. Si el

AUNQUE NO SIEMPRE SEA conveniente, a veces lo único que consigue mantener a un niño sobre una silla durante unos minutos es su programa de televisión preferido.

MUCHOS NIÑOS CON hiperactividad sufren también otros trastornos emocionales como la dificultad de relación.

diagnóstico se realiza durante la infancia y se trata como es debido, es muy probable que el niño no tenga que sufrir estos problemas cuando llegue a la edad adulta. De todos modos, siempre se está a tiempo de obtener buenos resultados si se recibe la ayuda adecuada.

Cómo se siente el niño

Los niños muy pequeños no se dan cuenta por sí mismos de que tienen un trastorno, a no ser que sean muy inteligentes y noten que les cuesta mucho concentrarse. Sin embargo, a medida que crecen empiezan a compararse con sus compañeros y acaban por ser conscientes de que son distintos. Lo normal es que lo descubran por los problemas que generan a su alrededor, ante las quejas y reclamaciones de los demás.

Los padres y los educadores que no conocen sus problemas ni los métodos para tratar con ellos pueden hacerles sentirse culpables. Entonces reaccionan según su carácter: algunos se consideran tratados injustamente, se sienten amenazados y perseguidos, y se enfadan; a otros puede que les dé igual. Lo más probable es que si se les acusa continuamente de ser inútiles acaben pensando que lo son: se minusvaloran y creen que no sirven para nada. Si se notan aislados –algo que a veces sucede– se sentirán frustrados y se considerarán libres de toda culpa. Es posible que en este caso se vuelvan vengativos y antisociales.

Es habitual que el niño se retraiga, se sienta encerrado en una burbuja en la que los demás no pueden entrar. Si es castigado con frecuencia, cuando se vea libre buscará la manera de castigar a los demás, se volverá vengativo o utilizará las normas de conducta que se aplican sobre él: no le importará molestar o interrumpir, ya que los demás lo hacen continuamente con él cuando se excede. El niño que empuja a otro, derriba las piezas de un juego, grita o se mueve con insistencia delante de la televisión y se le hace parar de un manotazo o con un grito, encontrará normal hacer lo mismo con niños o adultos que no conoce, ya que en su mundo las bruscas intervenciones en la vida de los demás –en la suya– son corrientes.

Como todos los niños, el hiperactivo no reconoce las cosas que están bien y las que están mal y necesita que alguien se las enseñe. Es probable que tenga más dificultades para aprenderlas y que se precise una buena dosis de paciencia con él, pero acabará por entenderlas.

En los estratos sociales en que la hiperactividad se detecta con más precocidad, o en países más proclives a la visita al pediatra y más sensibles a este problema, como Estados Unidos, el niño sometido a tratamiento descubre rápidamente que padece un trastorno y que no es culpa suya. Esto, en cierta medida, también es peligroso, sobre todo si la terapia se basa en fármacos –en algunos países se administran con cierta facilidad– y el niño se sabe indefenso sin ellos. Este planteamiento de «yo no tengo la culpa» y «sin las pastillas no soy nada» ha llevado en algunos casos a agravar el problema.

EL NIÑO CON UN TRASTORNO de hiperactividad es consciente de su problema a medida que crece y se compara con sus compañeros.

LA DEPRESIÓN ES OTRO DE LOS trastornos más frecuentes que acompañan a la hiperactividad: los niños pierden el sueño, el hambre y la capacidad de pensar.

Pedro tiene un amigo, Jorge, de cuarenta y cinco años, que le sorprende a veces con las historias de su infancia. Le explica que, cuando era pequeño, en su escuela había un niño como Erasmo. Le llamaban Manolito y, aunque nunca fue diagnosticado como hiperactivo, tenía todos los síntomas. Los profesores lo castigaban poniéndolo de rodillas contra la pared. Manolito era humillado por maestros y compañeros, que se reían de él y lo despreciaban porque de algún modo era distinto. Más de una vez se marchaba con las mejillas hinchadas por las bofetadas de sus «ejemplares» educadores. Después de una de estas «sesiones» faltaba a clase, y todos sabían que se había ido a vagabundear con las peores compañías por el centro de la ciudad. Aquel sistema educativo no sólo empeoraba la situación de Manolito, sino que llenaba de frustración a todos sus compañeros. Jorge tiene unos recuerdos «de pesadilla» de aquella época incierta, en la que los conocimientos se implantaban a golpes. Erasmo es un niño afortunado por tener unos padres como María y Pedro y unos educadores que pueden ayudarlo.

La frustración y la sensación de inutilidad que producen en el niño frases como «no tengo remedio» o «no puedo evitar ser como soy», que se dice a sí mismo cuando detecta las caras largas de los demás, le pueden volver agresivo contra sus compañeros o contra sus hermanos por cualquier cosa, tal vez por un juguete que olvidará a los pocos instantes, por llamar la atención, o por una distracción momentánea. A veces, actúa con agresividad para hacerse notar, dado que el niño se siente marginado –lo está– por sus propios compañeros, que aprenden muy deprisa a apartarse de alguien que lo tira todo por el suelo, empuja, hace daño, no calla y se aburre constantemente de lo que acaba de empezar.

Cómo se sienten los padres

Lo más obvio en este caso es decir que los sentimientos de los padres dependen del carácter de cada uno, pero la experiencia demuestra que, a la larga, se adaptan a la manera de ser de su hijo y, aunque parezca sorprendente, reaccionan positivamente ante sus necesidades.

Pedro y María son vecinos de Ana y José. Ambos trabajan y tienen un niño de cuatro años que siempre ha sido muy revoltoso. Desde la edad de dos años lo llevan a la guardería, y luego pasa

varias horas con los abuelos, de modo que los padres permanecen con él unas pocas horas por la noche y algunos minutos por la mañana. Entienden que su hijo se muestre extraordinariamente activo y acaparador: desea disfrutar de sus padres, los quiere para él durante ese poco rato y hará todo cuanto esté en su mano para atraer su atención.

Naturalmente, todo esto sucede en la imaginación de los padres. A la larga, es posible que el niño llegue a provocar la ira de sus progenitores por sus reiteradas negativas a obedecer. En este punto, hay que procurar no caer en la tentación de castigarle sin más, sin intentar antes hacerle entender las cosas y mostrarse comprensivo, ya que pueden iniciarse una serie de disputas entre

ES MUY POSIBLE QUE EL NIÑO trate de imitar a sus padres si éstos muestran una conducta estable, una actitud positiva y son pacientes y cariñosos con él.

padres e hijos que perjudiquen las buenas relaciones que son imprescindibles, sobre todo en el caso del niño hiperactivo.

Esto no quiere decir que haya que ser tolerantes hasta el extremo de perder la autoridad. Algunos padres sienten que tienen que ceder ante ese niño que grita si no se le concede lo que pide, o prefieren no tener en cuenta sus desmanes y hacer que se callen los demás porque saben que es la única manera de que, por ahora, se quede tranquilo. Pero como el niño hiperactivo no es capaz de relacionar actos y consecuencias, repetirá sus malas acciones y, si los padres responden ante ellas con la rendición, acabará esclavizándolos.

El descontento que esto genera puede acabar sembrando la discordia entre los propios padres, desde el momento en que uno de ellos esté decidido a emplear la mano dura o a disciplinar al chico de una forma u otra, y el otro siga siendo partidario de dejarle hacer lo que le dé la gana. Si el conflicto persiste, es posible que uno de los progenitores se desentienda del todo de su educación; normalmente es el padre y esta situación resulta aún más negativa para el niño, que requiere una atención y un cariño constantes.

Si los padres no han advertido por sí mismos que su hijo sufre un trastorno, es posible que la noticia les llegue por la escuela. El maestro les sugerirá que lleven el niño al pediatra, y éste les aconsejará que acudan a un psiquiatra. Si el diagnóstico se confirma, será labor de todos educar al pequeño y entonces, más que nunca, los padres tendrán que quererlo y sentir que son responsables de su futuro.

SI EL NIÑO ES TRATADO de la forma correcta, empezará a sentirse contento al ver que puede hacer las mismas cosas que sus compañeros y ganará seguridad en sí mismo.

No sólo estamos hablando de cómo se sienten los padres que descubren que su hijo es hiperactivo –o, mejor dicho, que lo sufren, porque es posible que por esta razón ambos padezcan un estrés añadido a sus muchos otros problemas–, sino también de cómo han de sentirse, es decir, de cuál es la única manera posible de sentirse para que ese niño salga adelante.

Seguramente esos padres tengan que reflexionar mucho sobre esta situación, pero sólo hay un camino para progresar: unas relaciones familiares estables, una comprensión razonable hacia los problemas del niño o la niña y una manera de comportarse que vamos a explicar más adelante.

No hay nada mejor que el cariño de una familia, pero en el caso de la hiperactividad muchos especialistas han experimentado con niños afectados y se han esforzado por descubrir unos métodos que funcionen tanto en la escuela como en casa. Hay que aprender a aplicarlos para que convivir con ese niño no se convierta en una tortura innecesaria.

Estrés e hiperactividad

El estrés, uno de los trastornos más corrientes hoy en día, produce en muchos casos unos síntomas parecidos a los mencionados anteriormente. El niño estresado se muestra hiperactivo, está nervioso, no puede estarse quieto y, como consecuencia, no presta la suficiente atención a los educadores ni a los padres. Sin embargo, se trata de un trastorno distinto y su curación implica descubrir qué es lo que está presionando a ese pequeño.

El estrés es un estado de tensión excesiva resultante de una presión exterior elevada –o de una actividad continuada en los límites de la resistencia– y que repercute en el organismo. En el caso de los niños, la presión exterior viene del ambiente que les rodea y puede tener muchas causas: un traslado de domicilio y de ciudad, una separación, un cambio de trabajo, etcétera. En el proceso de adaptación a la nueva situación, puede ser que el padre, la madre, ambos, o hasta los hermanos, estén tensos y discutan. El niño se siente atrapado, pierde el control sobre sí mismo, tal vez se exige demasiado, padece una inquietud desesperante. Como colofón a estos problemas es posible que se produzca algún otro hecho desencadenante: un robo en casa, una pelea con gran violencia o cualquier suceso que aumente esa presión hasta extremos insoportables.

Estos niños pueden contraer las enfermedades con las que nos enfrentamos los adultos en esta situación: úlceras de estómago, problemas cardíacos, cólicos, migrañas, dolores vertebrales, depresiones que pueden prolongarse hasta la madurez. El pequeño con estrés tiene las manos sudorosas, tics nerviosos y no se está quieto. Como se ve, todos estos síntomas guardan muchas similitudes con los que afectan al niño hiperactivo, pero la diferencia estriba en que un pequeño que padece estrés tiene muchas más probabilidades de ponerse enfermo y no presenta necesariamente el síntoma de falta de atención, que es el más preocupante en la hiperactividad.

NO HAY QUE CONFUNDIR LA hiperactividad con la ansiedad que surge cuando el niño tiene miedo.

Es muy fácil que un niño estresado se muestre deprimido. El caso típico se produce después de los exámenes, cuando se ha sentido extremadamente presionado, en muchos casos por sus padres. Si no cumple con las expectativas será castigado, y si se le acusa de ser tonto o de perder el tiempo, es posible que se sienta un fracasado y que entre en la misma espiral de odio y venganza de los niños hiperactivos que no han sido bien tratados.

A veces, como respuesta al estrés, el niño se vuelve violento, rabioso, destructivo, acusa a los demás, siente una furia imprecisa contra no sabe qué. Al parecer, la ira es una emoción que surge como respuesta al estrés excesivo. Esto puede ser una clave para entender a los niños que tienen berrinches con frecuencia.

EL ESTRÉS PUEDE SER producido por un acontecimiento traumático, aunque también tiene mucho que ver el temperamento del niño, la forma de educarlo y la ansiedad de la madre.

Uno de los acompañantes más indeseables del estrés es la ansiedad, una sensación indefinida de miedo e impaciencia por algo que va a suceder y que no puede preverse. Se manifiesta en una inquietud reflejada en gestos, tics, pesadillas y afecciones inexistentes. El peor tipo de estrés es el que va unido a una ansiedad intensa y continuada. En ocasiones, cuando ya no puede más, al niño en esta situación se le acelera el ritmo cardíaco, se le ponen tensos los músculos, se le enfrían las manos, se le hace un nudo en el estómago, le entra pánico y se desmaya. El desmayo es la válvula de escape del organismo; cuando el niño ha vuelto en sí está tranquilo durante algún tiempo.

LOS CIENTÍFICOS ENCUENTRAN cada vez más evidencias de que, al menos en la mitad de los casos, la hiperactividad se debe a causas biológicas.

Existe un método que, además de combatir las causas del estrés, ayuda al niño que lo padece. Se conoce con el nombre de estrategias de impermeabilización. Se trata de poner en marcha un conjunto de acciones con el fin de aumentar la resistencia del pequeño, que se ha vuelto muy sensible a cualquier conflicto.

Una mirada rápida a estas estrategias nos permite ver el tipo de pautas que hay que seguir para lograr la curación de un niño estresado: hacer que duerma bien; enseñarle a que se relaje de una manera adecuada; acostumbrarlo a los problemas –o, como dicen los técnicos, vacunarlo exponiéndolo gradualmente a lo inevitable–; enseñarle a razonar consigo mismo las situaciones y los problemas a los que se enfrente; y construir la autoestima del niño ayudándole a asimilar el éxito y apoyándole en el fracaso. Sin embargo, lo primordial es mantener el hogar alejado del estrés.

Si los comparamos con los niños con estrés y un alto grado de ansiedad –que llegan a desmayarse y a ponerse enfermos, acuciados por las tensiones que les rodean–, los que padecen de falta de atención con hiperactividad pueden parecer muy tranquilos. Sin embargo, no hay que engañarse: también los niños que padecen de hiperactividad tienen momentos de ansiedad, sufren rabietas incontroladas y se ponen enfermos. Por otro lado, un pequeño con estrés no tiene por qué presentar problemas de concentración –como pasa con el hiperactivo–, aunque en los peores momentos

de su padecimiento es indudable que le sucede. Tampoco hay que descartar que niños con hiperactividad y falta de atención puedan padecer estrés porque reconocen su trastorno –o se les ha dicho claramente–, porque son tratados de manera injusta o porque hay problemas en casa.

LA HIPERACTIVIDAD DE ORIGEN biológico también responde a los tratamientos.

Causas:
un conjunto de factores determinantes

Las verdaderas causas de la hiperactividad no están claramente definidas. Se supone que su origen está en una serie de factores que pueden ser de carácter biológico o ambiental, y éstos, a su vez, de tipo externo o familiar. Es imposible decir que el trastorno está causado por la coincidencia, en mayor o menor grado de todas estas causas. En cambio, es más razonable pensar que la hiperactividad se debe a algunas de estas causas combinadas entre sí y con otras que todavía están por dilucidar.

En algunos niños predominan las causas biológicas, en otros las ambientales, y en otros una combinación de ambas.

Causas biológicas

Pueden ser de origen genético, estar relacionadas con disfunciones neurológicas o deberse a dificultades durante el embarazo o el parto. Al menos la mitad de los casos de hiperactividad se relacionan con problemas de tipo biológico. Muchos especialistas les dan una importancia decisiva –su argumento es que no todos los hijos de familias conflictivas son hiperactivos– y creen que la mayoría de las veces la causa se encuentra en la fisiología del afectado.

Además de las causas que veremos a continuación, que son las más comunes, estudios hechos con niños hiperactivos han hallado con frecuencia trastornos de tipo alérgico, problemas intestinales persistentes, alteraciones en la vista y el oído que dificultan su capacidad de percepción y otra serie de problemas que mantienen al niño alejado de la normalidad y que inciden de manera directa en su conducta.

Algunos padres que se culpabilizan de la hiperactividad de su hijo se siente liberados cuando descubren que el pequeño ya tenía el problema de nacimiento. En algunos casos, sin embargo, no se encuentra causa biológica alguna y entonces sí que es muy probable que ese niño viva en un ambiente familiar que sea el principal causante de su trastorno o que lo agrave.

Factores hereditarios

Los problemas para determinar en qué grado se produce la transmisión del trastorno de padres a hijos son evidentes. Los padres de ahora no tuvieron en su infancia los métodos actuales para

NO TODOS LOS PADRES que han padecido hiperactividad tienen hijos con los mismos problemas.

evaluar si eran hiperactivos, activos, revoltosos, si estaban estresados o angustiados o si tenían cualquier otro trastorno, y resulta casi imposible acordarse de aquellos síntomas, que superaron sin ningún tratamiento. De todos modos, como luego veremos, existen cuestionarios para averiguar si un adulto es hiperactivo.

LOS GEMELOS UNIVITELINOS tienen muchas probabilidades de padecer los mismos síntomas.

Pedro fue un niño hiperactivo de poca intensidad y ahora Erasmo tiene el trastorno en un grado más elevado. Mientras que el padre pudo crecer sin tratamiento, su hijo lo ha necesitado desde el principio. Si Erasmo hubiera tenido un hermano gemelo es muy posible que también padeciera el trastorno. Hay un cincuenta por ciento de probabilidades de que Erasmo tenga un hijo hiperactivo como él.

Puede afirmarse que un niño diagnosticado como hiperactivo hoy en día tendrá más posibilidades de tener un hijo de las mismas características que otra persona que no lo sea, según se desprende de la experiencia acumulada en Estados Unidos, donde hace más de cuarenta años que se estudia este trastorno.

Diversos estudios científicos han estado buscando los genes responsables de la hiperactividad y han encontrado diferencias en los relacionados con un transmisor químico denominado dopamina, pero no son conclusiones definitivas. Por otro lado, se han dado casos de gemelos idénticos –por lo tanto, con los mismos genes– en los que uno tiene mucha más capacidad de atención que el otro.

Hoy en día tiene cada vez más aceptación la teoría de que ciertos desequilibrios neuroquímicos –posiblemente relacionados con la herencia– producidos en el cerebro de estos niños pueden ser una de las causas más comunes de la hiperactividad, pero la investigación todavía sigue en curso.

En este sentido, y a favor de esta tesis, cabe citar el hecho de que la hiperactividad es mucho más frecuente en niños que en niñas. Sin embargo, algunos científicos lo atribuyen a que el cerebro de las niñas se desarrolla de manera mucho más estable durante el embarazo y eso hace que sea más difícil que se produzcan complicaciones.

Factores neurológicos

En un número de niños hiperactivos mucho menor que en el caso anterior se han encontrado alteraciones en el sistema nervioso central. Las primeras descripciones del trastorno lo asociaban con este problema, hablaban de disfunción cerebral mínima y vinculaban la hiperactividad a la encefalitis o al retraso mental. Más tarde se relacionó con ciertos neurotransmisores, como la noradrenalina, pero tampoco se obtuvo ningún resultado concluyente. Algunos investigadores han demostrado que ciertas lesiones cerebrales conducen a la hiperactividad, pero si realizamos los ensayos a la inversa descubrimos que la mayoría de niños hiperactivos no tienen ningún daño neurológico.

Por otra parte, ciertas pruebas hechas con resonancia magnética demuestran que en muchos de estos niños algunas partes del cerebro parecen funcionar más lentamente que en otros que no padecen el síndrome, concretamente en las áreas de los lóbulos frontales que se asocian con el autocontrol y la autorregulación.

SE HA OBSERVADO QUE LAS áreas del cerebro relacionadas con la inhibición de impulsos se muestran menos dinámicas en los niños hiperactivos.

Lo mismo ha sucedido en pruebas mediante un tomógrafo de emisión de positrones, que han demostrado que los afectados por este trastorno utilizan menos glucosa en las áreas del cerebro que inhiben los impulsos y controlan la atención.

En algunos niños, la hiperactividad se relaciona con un desarrollo más lento de lo normal. El niño hiperactivo tiene problemas de equilibrio, es más torpe que sus compañeros y no coordina bien los movimientos. Resulta fácil relacionar estas dificultades con algún problema neurológico, pero se trata de un retraso en la maduración de estas funciones que a la larga quedará compensado. A estos niños les cuesta más aprender, pero acaban haciéndolo. A los pequeños que maduran con más lentitud les desaparece este problema con el paso del tiempo.

Problemas durante el embarazo y el parto

En algunos casos, las madres de los niños hiperactivos han padecido un fuerte estrés durante el embarazo: es lo que se denomina «estrés psicológico inductor de la hiperactividad». Como no siempre sucede así, este tipo de asociaciones debe realizarse con suma cautela.

Mucha más cautela aún debemos tener cuando oímos o leemos que el tabaco también favorece que nazcan niños con hiperactividad, efecto comprobado en crías de animales pero no demostrado en seres humanos. Hay una mayor relación con el alcohol, que sí está comprobada, aunque es evidente que este tipo de adicciones puede dar origen a muchos otros problemas en el niño. Algunos estudios demuestran que un tercio de los bebés nacidos de madres alcohólicas padece hiperactividad y la mayoría tiene problemas de aprendizaje.

El uso de drogas como la cocaína puede dañar también el delicado cerebro del niño que se está formando. Aunque no esté demostrado, no es necesario insistir en la infinidad de problemas que puede provocar en el feto el hecho de que la madre sea adicta a los estupefacientes.

LOS NIÑOS HIPERACTIVOS padecen con frecuencia enfermedades o trastornos biológicos persistentes.

Aunque no pueda asociarse de una manera determinante con la hiperactividad, la ingestión por parte de la madre durante el embarazo de sustancias nocivas para su propio organismo, como el tabaco, el alcohol o los estupefacientes, tiene consecuencias negativas para el niño.

Se ha observado hiperactividad en algunos niños –no en todos– nacidos de madres que han padecido hipertensión arterial en el embarazo o bien preeclampsia, dolencia que se manifiesta por hinchazón y pérdida de proteínas en la orina durante la gestación. Se han constatado también casos de hiperactividad en niños cuyas madres han ingerido hormonas masculinas durante el embarazo por razones médicas.

ENTRE LAS CAUSAS DE la hiperactividad se hallan determinados problemas emocionales de la madre en relación con el embarazo.

La hiperactividad también se ha relacionado con daños cerebrales durante el parto, como la privación de oxígeno en el curso de un nacimiento con complicaciones. Pero, como sucede en otros casos, la mayoría de las veces un daño cerebral mínimo no produce hiperactividad, sobre todo si el ambiente en el que se desarrolla el niño es el adecuado.

Para acabar este apartado añadiremos que hay también cierta relación entre los niños con un peso por debajo del normal en el parto y la hiperactividad, más frecuente que en bebés que han nacido con un buen peso.

Problemas después del nacimiento

En algunos casos, se ha desarrollado hiperactividad en niños que han padecido situaciones traumáticas cuando eran muy pequeños, como intervenciones quirúrgicas, lesiones cerebrales por culpa de un accidente, separación de la madre durante mucho tiempo, problemas respiratorios, intolerancia a la leche, etcétera.

Causas externas

Son las que proceden del medio ambiente. Están relacionadas con la alimentación, la contaminación y las enfermedades. Se trata de factores extraños a la naturaleza de la persona, que penetran en su organismo y producen cambios no deseados.

La alimentación

Ha habido investigadores que han asegurado que una alimentación inadecuada produce hiperactividad. Hoy se tiende a aceptar que la alimentación puede aumentar la hiperactividad, pero no provocarla. Por lo que respecta a las dietas que restringen la ingestión de ciertos alimentos que tengan colorantes o aditivos, sólo son eficaces en un cinco por ciento de los niños.

Ese porcentaje de niños que mejoran con las dietas permite concluir que hay alimentos que agravan la hiperactividad. En este sentido, y llevando las cosas al extremo, algunos dietistas echan toda la culpa de la hiperactividad al exceso de azúcar y a los conservantes y colorantes que se añaden a alimentos que los niños de hoy ingieren en grandes cantidades.

En concreto, la medicina naturista acusa a los aditivos de infinidad de dolencias, algunas de ellas extremadamente graves. No hay pruebas generalizadas de la relación entre aditivos

e hiperactividad, aunque determinados médicos hayan encontrado razones para culpar de ella al chocolate, a los fenoles o a la contaminación. Si se tratara de algo generalizado, la hiperactividad tendría que estar aumentando de manera alarmante. Sin embargo, sigue afectando a un porcentaje parecido de niños desde que se empezó a hablar de ella, hace medio siglo. Como puede verse, los criterios de valoración son, en algunos casos, muy personales, y no es extraño oír hablar de incrementos exagerados según quien haga las valoraciones. Nosotros nos remitimos a las más generales y aceptadas.

Volviendo a la cuestión de las dietas, el doctor Feingold estableció una que excluye de la alimentación toda clase de aditivos, sobre todo colorantes, de cuya nocividad se pone como ejemplo la eritrosina, que se ha comprobado que afecta a las células nerviosas de algunos animales y puede provocar cambios en su comportamiento. Se ha llegado a conjeturar que los niños hiperactivos tienen un problema bioquímico hereditario que les hace propensos a estos aditivos.

La dieta también puede servir para implicar tanto a la familia como al niño en la curación de éste. Un planteamiento de este tipo tiene un efecto psicológico similar al de los placebos, que son sustancias sin valor terapéutico que se hacen tomar al paciente haciéndole creer que se trata de un medicamento. Se ha demostrado un porcentaje de resultados positivos que podría explicar el funcionamiento de la dieta y que justifica por sí mismo que merezca la pena probarla. En muchos casos, al volver a suministrar aditivos a los niños que han sufrido mejoría con la supresión no se ha detectado que vuelva al grado de hiperactividad anterior.

Otro elemento implicado en la hiperactividad –y en otras dolencias– son los salicilatos, que se encuentran de manera natural en muchas frutas y que bloquean la producción de prostaglandinas, sustancias químicas que controlan muchos de los procesos que se dan en el organismo.

En resumen, todos los alimentos que ingerimos y que alteran de una u otra manera la bioquímica del organismo humano pueden llegar a causar, además de otras patologías, hiperactividad. En este sentido cabe citar los productos que desencadenan alergias, como los huevos, la leche o el trigo.

Es cierto que algunos alimentos provocan cambios de comportamiento en determinados niños, pero cada caso es distinto y se

MUCHOS ALIMENTOS PUEDEN ser una de las causas de la hiperactividad.

ha de verificar individualmente. Es posible que a un niño en concreto le siente bien la supresión de la leche de vaca, mientras que otro precise eliminar de su dieta las grasas animales porque es evidente que una alimentación muy pesada puede afectar a la atención y al comportamiento.

LOS COLORANTES QUE LLEVAN muchos alimentos pueden afectar al sistema nervioso del pequeño y originarle cambios de comportamiento.

El caso de los refrescos es paradigmático. Contienen muchos aditivos y algunos niños los consumen en grandes cantidades. Las bebidas de cola tienen en su mayoría cafeína, que es susceptible de alterar su comportamiento hasta el punto de que se muestren más nerviosos. Esto podría llevar a algunos padres a achacar a estos refrescos el exceso de actividad de sus hijos, pero, paradójicamente, hay que decirles que la hiperactividad como trastorno mejora con los estimulantes porque aumenta la capacidad de concentración de los niños, como veremos más adelante.

No es aconsejable dar cafeína a los niños hiperactivos sin consultar al médico ya que, aunque mejora su capacidad de concentración, también aumenta su nerviosismo y los hace más irritables.

Las dietas

Los padres que consideren que vale la pena probar con las dietas, han de saber que hay diversos grados de restricción. La manera más sencilla de empezar es la que se basa en la propia experiencia. Si hemos comprobado que a nuestro hijo le alteran ciertos alimentos (chocolate, refrescos, etcétera), veamos qué sucede si los eliminamos. En caso de que no se aprecien cambios, hay que pasar a un grado más estricto de dieta que debe controlar un médico: consiste en eliminar todos los alimentos que contienen sustancias artificiales. La verdad es que resulta muy difícil de seguir actualmente porque implica suprimir desde helados, postres elaborados, chocolate y caramelos hasta salsas, salchichas, hamburguesas, embutidos e incluso pescado congelado que lleve aditivos. Asimismo deben eliminarse casi todas las bebidas, excepto el agua del grifo o la mineral.

Pero no nos asustemos, esto sólo ha de hacerse al principio. Si funciona, se han de ir incorporando los alimentos de uno en uno hasta descubrir cuáles son los causantes del trastorno. Naturalmente, es preciso consultar a un experto antes de iniciar una dieta como ésta, que significa incluso la supresión de todos los alimentos y productos con colorantes, incluida la pasta de dientes para niños.

Existe todavía una dieta más restrictiva, que limita la alimentación del niño a unos pocos alimentos: carne, verdura y dos tipos de fruta, por ejemplo, y luego va introduciendo poco a poco los demás. Esta dieta no puede seguirse muchos días y requiere un detenido seguimiento profesional.

IDENTIFICAR QUÉ ALIMENTOS perjudican al niño implica hacerle seguir una dieta.

En la consulta del psicólogo, Pedro hizo varios amigos. Uno de ellos probó con su hijo Iván una de esas dietas exhaustivas, seguro de que las salidas a pizzerías con el colegio y la desmedida afición de su hijo por las comidas preparadas tenían mucho que ver con sus problemas de hiperactividad. No fue nada fácil lograr que dejara de tomar refrescos de cola y que aceptara comidas caseras como única dieta. Dado que lo hizo por su cuenta y sin los consejos de un médico, lo único que consiguió es que Iván mostrara a la hora de comer un grado de estrés mucho mayor que antes, aunque por las noches dormía mejor. Poco a poco, el niño lo fue aceptando, pero el padre descubrió que su hijo se bebía los refrescos de sus compañeros de colegio después de arrebatárselos sin ningún miramiento. Los mismos profesores le sugirieron que acudiera a un psicólogo y dejara de perseguir colorantes y aditivos por el sistema de prueba y error, ya que necesitaría estar junto a su hijo las veinticuatro horas del día.

Es fácil imaginar que estas dietas en un niño pequeño exigen un control exhaustivo de todas sus actividades, para evitar que coma lo que no debe cuando juega con otros niños que se están atiborrando de pastelillos o caramelos. Es complicado para la familia, no sólo por la preparación de los alimentos y todo el proceso en sí, sino porque hay que tener mucho cuidado de no provocar en el niño un estrés que agravaría el problema que se pretende resolver.

La intoxicación por plomo

Se ha hablado mucho sobre la intoxicación por plomo en relación con la hiperactividad, pero lo cierto es que hoy en día la incidencia de este metal es mínima, ya que se ha eliminado de las pinturas de los juguetes y de los objetos que los niños pueden morder o arañar, incluso de paredes y ventanas. Para intoxicarse con plomo hay que trabajar en un ambiente donde haya una gran concentración de este metal, caso de los pintores, empleados de gasolineras o incluso operarios de fábricas de pigmentos donde las condiciones higiénicas no sean las adecuadas. En otro tiempo, en que las pinturas se coloreaban principalmente mediante pigmentos de plomo, pudo comprobarse que los niños que sufrían una intoxicación por este metal padecían hiperactividad una vez recuperados del envenenamiento.

Sin llegar a los extremos de una intoxicación, algunos ensayos han relacionado la hiperactividad con una tasa de plomo en sangre más alta de la normal, que puede averiguarse con un sencillo análisis de sangre. No es tan extraño si tenemos en cuenta las emisiones de los coches y de las fábricas, que, además de polucionar el aire, contaminan los cultivos cercanos a industrias y carreteras. No es infrecuente que vacas y ovejas pasten en prados próximos a industrias contaminantes y que después su leche y su carne pase al circuito comercial.

La enfermedad provocada por una larga exposición al plomo, denominada saturnismo, produce desarreglos intestinales que se extienden más tarde al resto del organismo. De todos modos, como ya hemos dicho, este factor tiene una incidencia muy escasa en la hiperactividad y, además, está en retroceso. Dentro de poco ya no habrá plomo en ninguna gasolina, que es el principal inductor de este metal en la atmósfera.

LA PRESENCIA DE PLOMO en las instalaciones del hogar es cada vez menor.

Factores ambientales

Por factores ambientales se entiende el entorno humano que rodea al niño en casa, en la escuela y en la calle. La influencia más importante es la que el pequeño recibe en casa, de sus padres y del ámbito familiar. Si el niño hiperactivo está afectado por alguna de las causas biológicas mencionadas hasta ahora y además el ambiente familiar no es el adecuado, el trastorno se acentuará.

Es poco probable, pero no imposible, que la única causa de la hiperactividad sea un ambiente familiar degradado. Un hogar conflictivo puede crear en el pequeño estrés, ansiedad y angustia. Por consiguiente, un niño sano puede volverse muy nervioso e inquieto. Entra dentro de lo posible que estas circunstancias hagan que pierda el control sobre su comportamiento y manifieste falta de atención y agresividad. De todos modos, es más habitual que el niño ya tenga ese trastorno y un ambiente poco propicio lo acentúe hasta extremos que hagan que requiera tratamiento.

El nivel socioeconómico

ES RARO QUE HAYA UNA SOLA causa de la hiperactividad y lo normal es que se asocien problemas psicológicos al factor biológico.

De entrada hay que decir que no depende de la situación económica de la familia el que un niño tenga más posibilidades de ser hiperactivo. Que esté sano depende, en primer lugar, de que en su casa no le falte el cariño necesario y de que tenga una familia equilibrada, y eso no está en función de la riqueza. Sin embargo, no deja de ser cierto que las dificultades económicas provocan más de un conflicto en el hogar porque los padres están angustiados y eso hace que se peleen continuamente o que vivan en un estado de permanente amargura asociado a su situación precaria.

María ha hecho amistad con Emma, una de las mujeres que vienen por las tardes a limpiar la empresa donde trabaja. Le ha comentado el caso de Erasmo y ella no ha podido evitar contarle su historia. Su marido, Pepe, hace mucho tiempo que no tiene trabajo, está continuamente deprimido y es un alcohólico que necesita ayuda urgente. Está en un callejón sin salida. Emma hace lo que puede, pero lo peor de todo es lo que le sucede a su pequeño Dani.

Pepe, amargado y aburrido, se pasa el día en el bar y sólo viene a casa por las noches o para comer y dormitar. No se ocupa de la limpieza doméstica ni prepara la comida. Dani tiene que aguantar su mal humor: su padre le grita, le insulta y le obliga a callarse de manera abrupta cuando está en casa –dos horas por la mañana, por las noches y los fines de semana–. Como Emma tiene que trabajar, su hijo padece de todas las carencias derivadas de la falta de cariño y comprensión. Además, Emma está segura de que es hiperactivo, y si, como le dice María, eso empeora las cosas, en su caso llega hasta extremos dramáticos.

LA CONDUCTA HIPERACTIVA se explica en parte como un retraso en el desarrollo de la capacidad de mostrar la atención requerida.

Suerte que Dani se pasa la mitad del día en el colegio, aunque no cree que sus profesores le presten mucha atención teniendo en cuenta que hay más de cuarenta alumnos por clase. Emma lo recoge cuando vuelve, después de haberse pasado diez horas limpiando oficinas. Cuando llegan a casa no hay nadie. Se encuentra todo el trabajo por hacer: lavar los platos, la ropa, hacer las camas, limpiar el piso, comprar... Dani no tiene más remedio que distraerse solo.

Pepe sigue en el bar, lamentándose, amargado, bebiendo más de la cuenta. Por fin, a las once, Emma cae rendida en la cama.

Vuelve el marido, borracho. Discuten, se pelean. Los golpes y los gritos aturden y asustan al niño, que oye –y en muchos casos ve– cómo su padre maltrata a su madre. Con frecuencia Pepe la obliga a tener relaciones con él, porque viene con ganas de imponer su poder, después de todo un día de frustraciones. Emma trata de no resistirse y de evitar una nueva sesión de violencia mientras Dani corretea por toda la casa en silencio.

LOS NIÑOS QUEDAN afectados por la situación familiar de forma muy diferente según su naturaleza y temperamento.

Es fácil imaginarse los resultados. Como mínimo, ese niño estará traumatizado en el futuro, padecerá de ansiedad y perderá el control sobre sí mismo con facilidad. No necesita tener una lesión cerebral, una intoxicación por plomo o alguna alergia. Esa criatura necesitará atención profesional muy pronto o se convertirá en un delincuente cuando sea mayor. La solución pasa, inevitablemente, por un cambio radical en la actitud de su padre que haga que Dani reciba más cariño.

A estos problemas se añade, por lo general, que las familias con pocos recursos viven en barrios marginales y conflictivos. Los colegios son los menos adecuados y los profesores probablemente estén poco preparados o escasamente motivados para trabajar en ese entorno, aunque siempre hay excepciones. Por otro lado, si bien las amistades pueden ser estupendas y surgir en los lugares menos esperados, en un barrio marginal es más fácil encontrarse con personas violentas y desagradables, porque abundan las que están en una situación precaria y porque hay más relación entre sus habitantes que en los barrios de clase media o alta, donde los vecinos apenas se conocen. El niño ya adolescente buscará y encontrará fácilmente una salida a su frustración y a la sensación de injusticia por haber nacido así y no ser como los que crecen en mejores condiciones.

Aunque el barrio sea conflictivo, si la convivencia familiar es buena, el pequeño no tiene por qué padecer ningún tipo de ansiedad, estrés o hiperactividad; pero si la convivencia se deteriora e imperan los gritos y las peleas, aunque viva en una zona de clase alta es probable que ese niño padezca algún tipo de trauma.

Las relaciones familiares

La situación en casa está muy relacionada con el anterior aparta-do, pero así como antes hemos concluido que son mayores las posibilidades de que un niño con problemas padezca el trastorno de hiperactividad si vive en un barrio marginal y sus padres atra-viesan dificultades económicas, ahora vamos a referirnos a los hogares donde la convivencia no es nada fácil, con independen-cia de los factores socioeconómicos.

En muchos casos los padres no disponen de tiempo para satis-facer todas las necesidades del hogar. Hay casas en que la convi-vencia se ha convertido en un infierno por culpa del carácter de los cónyuges. En este sentido se han hecho ensayos que demues-tran que en el grupo de los niños hiperactivos es más elevado el porcentaje de padres depresivos que en el de los niños normales. Asimismo, se ha comprobado que en el hijo influye mucho tener una madre con episodios depresivos acentuados.

Una criatura que viva en un hogar problemático tiene más posibilidades de padecer trastornos que uno que resida en un hogar feliz. Padres que se pelean, que están separados, que no tienen en cuenta a sus hijos, que los maltratan, progenitores al-cohólicos o que padecen ansiedad por culpa de un trabajo estre-sante, etcétera, son factores de trastorno para los más pequeños de la casa.

Por último, hay que señalar que los niños adoptados que no acaban de habituarse a su nuevo ambiente también pueden pre-sentar este trastorno.

Evaluación de la hiperactividad

- Cuestionarios
- Método de evaluación

Evaluación de la hiperactividad

Existen varios tipos de cuestionarios para diagnosticar que un niño es hiperactivo. Los pueden rellenar los padres en casa, previamente a que un especialista inicie una evaluación profesional como la que explicaremos más adelante. En lo esencial, todos los cuestionarios son similares. Se trata de saber si el niño es hiperactivo y en qué grado, para lo que se comprueba si cumple una serie de condiciones necesarias.

La dificultad radica en diferenciar a un niño con hiperactividad de otro con estrés o con angustia. En Estados Unidos, donde se ha diagnosticado el número más elevado de casos y de donde provienen la mayoría de tratamientos –tanto farmacológicos como conductuales–, se ha estudiado este trastorno de modo más exhaustivo y se ha llegado a aplicar artilugios como el actómetro. Se trata de un aparato que se coloca en el brazo o la espalda del niño para medir la cantidad de movimientos que realiza. Este y otros instrumentos han sido utilizados por diferentes investigadores, sobre todo en la década de los ochenta.

EN 1978, LA OMS DEFINÍA EL síndrome hipercinético en la infancia como un trastorno cuyo síntoma esencial es la poca atención.

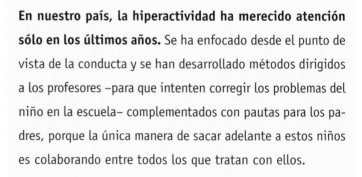

En nuestro país, la hiperactividad ha merecido atención sólo en los últimos años. Se ha enfocado desde el punto de vista de la conducta y se han desarrollado métodos dirigidos a los profesores –para que intenten corregir los problemas del niño en la escuela– complementados con pautas para los padres, porque la única manera de sacar adelante a estos niños es colaborando entre todos los que tratan con ellos.

Un grupo muy heterogéneo de afectados

Los criterios de evaluación parten precisamente de la premisa de que todos los niños son diferentes y de ahí la dificultad para enmarcar cada caso. Cuando un padre acude al pediatra por un problema de hiperactividad de su hijo, el especialista le sugiere rellenar un cuestionario y responder a una serie de preguntas para descubrir si el trastorno cumple las condiciones requeridas. Posteriormente se evalúa el grado de hiperactividad, tarea en la que participan profesionales de campos diversos: pediatras, psiquiatras, neurólogos, psicólogos y educadores. Por último, emiten un diagnóstico conjunto sobre el estado del niño.

La opinión de los padres

Los padres deben explicar las características de la hiperactividad de su hijo de la manera más clara y exacta posible. En primer lugar tienen que decir cuándo y cómo detectaron el problema. No es tarea fácil ya que se trata de procesos que no se desarrollan en un instante pero sí que pueden aparecer después de algún suceso que haya afectado al niño (accidente, enfermedad, etcétera). En este sentido es importante saber por qué los padres han acudido a pedir ayuda en ese momento: quizá sea porque han apreciado un aumento de los problemas del niño, porque no pueden más o porque en la escuela les han sugerido esa visita.

ES IMPORTANTE DETECTAR a partir de cuándo el niño ha empezado a mostrar síntomas de hiperactividad.

Pedro acudió al pediatra cuando en la escuela le llamaron la atención sobre Erasmo, aunque ya hacía tiempo que sospechaba que pasaba algo porque en casa el niño se mostraba terriblemente activo: ni un gato salvaje hubiera dado peor trato a las butacas de la sala. Si bien en la época de la guardería todavía se comportó bastante, al empezar el colegio se acrecentó su nerviosismo. En casa no escuchaba a nadie, acudía a comer a la carrera y desaparecía desparramando los trozos de comida que escapaban de su boca. No había manera de que permaneciera más de algunos segundos en el mismo sitio y en la misma postura.

El padre de Erasmo recuerda la infinidad de preguntas que entonces el psicólogo y el psiquiatra le hicieron, pero ahora se siente satisfecho ya que al menos está convencido de que ha servido para algo.

Después de rellenar los cuestionarios referentes al niño, los padres deberán detallar al médico los problemas que pudieron surgir durante el embarazo y el parto, y si el pequeño tuvo alguna dificultad cuando empezó a gatear y a andar. Esto sirve para saber si puede haber una lesión neurológica, lo que incidiría en el tratamiento y seguramente haría necesario el uso de fármacos.

El médico también querrá saber si los padres recuerdan cuándo empezó a hablar y si tuvo problemas en este sentido, o si era

agresivo y de una movilidad extrema. Es muy importante conocer la relación de los padres con los hijos, y este tipo de preguntas ayudan a comprenderla.

Por otro lado, el médico tendrá que conocer si hay problemas familiares, si en casa se discute frecuentemente, si existen dificultades económicas, si ha habido un cambio de trabajo o si son habituales las depresiones en la familia; en resumen, hay que reseñar todo aquello que pueda alterar el normal desarrollo del pequeño.

Cuestionarios

LOS CUESTIONARIOS SON muy fáciles de realizar y dan una información muy válida sobre la sintomatología del niño.

Para evaluar la hiperactividad se emplean cuestionarios de tipo test en los que las preguntas se responden en algunos casos de manera afirmativa o negativa, y en otros mediante una puntuación.

Tanto los padres como los educadores, los psicólogos o los médicos pueden rellenarlos. Son sumamente sencillos. Las preguntas se corresponden con los problemas que puede tener el niño. Abarcan los tres tipos de síntomas que caracterizan el trastorno: la falta de atención, el exceso de movilidad y la impulsividad.

Antes de empezar a rellenar los cuestionarios, Pedro fue advertido por el psicólogo de que no debía considerar al niño diferente ni trastornado por no comportarse como él esperaba. Había de tener muy claro que Erasmo no era Pedro. Y, desde luego, ser objetivo: decir que un niño no se fija en lo que hace es muy relativo, también lo es decir que no presta atención, y lo es aún más tomar una actitud suya que aparece una o dos veces al día como si el pequeño siempre fuera de ese modo.

Hay que observar los hechos con detenimiento. Por eso, en los cuestionarios se abordan los síntomas por separado y se establece que han de presentarse durante seis meses como mínimo para que puedan considerarse indicios claros del problema.

En el caso de las preguntas que se muestran a continuación, el evaluador puede responder con un sí o un no, pero también puede hacerlo con un poco, mucho o bastante, e incluso con una nota entre el 0 y el 10. La gama de posibilidades depende del test y del médico o psicólogo que se lo haya proporcionado.

Test de falta de atención

El niño ha de presentar como mínimo seis de estos síntomas.

■ No presta atención cuando se le habla, aunque pueda dar la impresión de que está escuchando. A consecuencia de ello comete errores que no debería hacer si hubiese atendido.

■ Aparenta no escuchar cuando se le habla. Es el ejemplo clásico de la falta de atención: el niño nos hace sentir un poco bobos porque mira hacia otro lado cuando le decimos algo, como si se tratara de tonterías. Tenemos que sobreponernos a la tentación de gritarle.

■ Deja sin acabar las cosas que ha empezado. No puede mantener la atención en algo durante mucho tiempo y se marcha o se le olvida.

■ No es capaz de participar en actividades con los compañeros ni en tareas que requieren cierto tiempo. La razón es que al niño le es imposible concentrarse en lo que hace.

■ No es capaz de organizarse cuando se le encarga un cometido.

■ Cuando se le encomienda una tarea que considera complicada, la rehúye o se enfada mucho y se niega a hacerla.

■ Es descuidado, se deja las cosas en cualquier sitio y las pierde. El pequeño es incapaz de darse cuenta de que las necesita y de acordarse dónde están.

■ Se distrae con facilidad con cualquier cosa y se olvida de lo que está haciendo. En este sentido, es propenso a los accidentes: puede distraerse mientras cruza una calle mirando un gato o a una persona que le llama la atención momentáneamente.

PARA EVALUAR LA hiperactividad se emplean cuestionarios tipo test.

■ Hace las cosas sin fijarse, por lo que, aparentemente, es muy torpe. Tropieza, mueve las manos sin sentido o rompe lo que está realizando.

Test de exceso de actividad

Se evalúa la hiperactividad propiamente dicha. El pequeño debe presentar la casi totalidad de los síntomas.

■ No es capaz de permanecer quieto en el asiento, se mueve continuamente, agita las manos, los pies, la cabeza. Su inquietud acaba por poner nerviosas a las personas que lo rodean.

■ Corre o salta excesivamente por los pasillos, en las habitaciones, en el patio, y no precisamente cuando los demás niños también lo hacen, sino en el momento menos adecuado.

■ No es capaz de jugar con los demás niños a su ritmo: siempre necesita moverse más deprisa y lo desbarata todo.

■ Tiene dificultades para dormir tranquilo. Se agita, está inquieto y es posible que se despierte a las dos horas de haberse dormido con la misma energía que agotó a sus padres.

■ Mientras permanece despierto se mueve como si tuviera un motor que le impulsara, por lo que salta y corre de un lado a otro de la casa. Los niños ya mayores, incluso los adultos que han padecido hiperactividad, aunque sean capaces de controlarse, sienten una inquietud que les lleva a evadirse del cepo que para ellos representa estar en determinados lugares, por lo general abarrotados de gente.

■ Con frecuencia habla demasiado y no sólo dice cosas inconvenientes, sino que no cesa en sus conversaciones propias. Este síntoma no es de los que más se presentan.

Test de impulsividad

No olvidemos que, aunque el niño muestre todos los síntomas que a continuación se citan, su intensidad es muy variable.

LA HIPERACTIVIDAD GRAVE casi siempre está relacionada con algún trastorno producido durante los primeros años de vida del niño.

■ Responde antes de que se le acabe de preguntar. Ésa es la razón de que muchas veces dé respuestas inadecuadas. No es capaz de escuchar hasta el final lo que se le está diciendo porque desea terminar cuanto antes algo que le aburre.

■ No tiene paciencia para guardar turno en las colas. El niño necesita avanzarse a los demás y crea conflictos con otros pequeños que no están dispuestos a tolerarlo. Este síntoma se mantiene con persistencia cuando crece.

- Interrumpe a los demás niños cuando están jugando. Tiene la sensación de que no le prestan atención y necesita inmiscuirse, pero lo hace con malos modos y genera riñas con facilidad. Un niño que irrumpe en un partido de fútbol sin conocer siquiera a los que juegan podría ser hiperactivo. Es posible que tenga un berrinche cuando se le aparte del juego, pero también es muy fácil que dos minutos después haya perdido interés y se marche si se le deja hacer lo que quiere.

- Las prisas le llevan a hacer las cosas mal, a enfadarse y a romperlas. Esto hace que pierda la ocasión de volverlas a iniciar, y se origina un círculo vicioso que se agrava si no interviene otra persona y le enseña la manera de realizarlas.

- Cambia súbitamente de actividad. Si otra cosa le llama la atención, deja lo que está haciendo y se lanza sobre ella. Queda absolutamente fascinado durante algunos minutos, tal vez segundos, hasta que otra distracción le aleja de ésta.

- Es agresivo con frecuencia. No es difícil que los síntomas de la impulsividad lleven a una agresividad bastante manifiesta. El niño es agresivo si se encuentra con rivales que no están dispuestos a soportarle, o si se le ha acostumbrado a que cada vez que protesta consigue lo que quiere.

Como estos tests sólo sirven para averiguar si el niño merece un mayor estudio, basta con que la respuesta sea afirmativa o negativa. Si lo que se trata de averiguar es el grado de su trastorno, se han de rellenar cuestionarios más elaborados y las respuestas deben tener un margen más amplio de valoración. Existen tests para averiguar las causas de la enfermedad que debe rellenar el médico, así como cuestionarios para poner en marcha el tratamiento, que tienen que responder también los padres y que comentaremos en su momento.

Erasmo tenía dos años cuando empezó a mostrarse «excesivamente nervioso», pero hasta que tuvo cuatro sus padres no lo llevaron al médico. Éste les dijo que, si el pequeño tuviera más de siete años, debería enfocarse el problema de otra manera, ya que a partir de esa edad es poco probable que se trate de hiperactividad. Los síntomas, además, tenían que manifestarse en casa y en el colegio. Esto se cumplía en Erasmo, que, por añadidura, se ponía pesadísimo en las visitas o en las salidas de compras, igual que un niño dado a los berrinches, pero sin razón aparente. En una ocasión, María lo perdió en el hipermercado y tuvo que

LOS NIÑOS HIPERACTIVOS se sienten a veces tan aturdidos por pensamientos e imágenes incontrolables que no se dan cuenta de que alguien les habla.

EL SÍNTOMA MÁS SIGNIFICATIVO es la dificultad del niño para controlar sus actividades, lo que origina un comportamiento desordenado que le lleva a no prestar atención y a ser impulsivo.

pedir ayuda para que lo encontraran los empleados en la sección, ¡cómo no!, de juguetes, donde había desempaquetado media docena de juegos y esparcido sus piezas por el suelo. El niño es inteligente y desde luego no padece ningún tipo de psicosis, autismo ni enfermedad neurológica, aunque a esta conclusión se ha llegado después de hacerle muchas pruebas.

Un cuestionario para buscar causas

Una vez detectada la hiperactividad por los tests comentados anteriormente, se pasa a un cuestionario cuyo objetivo es averiguar las causas de este trastorno y que incluye todos los factores que pueden provocarlo. Las conclusiones permiten saber el grado de incidencia de cada uno de ellos.

El cuestionario típico que se da a rellenar al médico incide en los siguientes aspectos:

Causas neurológicas. El médico debe responder si es significativo respecto a este trastorno el historial médico del niño, si ha habido lesiones neurológicas, disfunción cerebral mínima, si en la familia se han dado casos similares o si el pequeño tiene deficiencias bioquímicas importantes.

NO HAY DUDA DE QUE LOS pequeños son conscientes de todo lo que sucede a su alrededor y esto, a la larga, influye en su carácter.

Causas ambientales. El médico tiene que considerar si son importantes el ruido o las distracciones que afectan al niño en casa y en la escuela, si está demasiado limitado por sus padres o sus educadores, si no tiene suficiente espacio para desenvolverse o le faltan los medios adecuados, si vive en un barrio apartado del colegio, si hace frío en su casa, etcétera.

Causas psicopedagógicas. El médico observa si el niño carece de control sobre sí mismo en cuanto a sus movimientos, es decir, si realmente no puede estarse quieto en una silla. También tiene en cuenta si el pequeño no ha recibido la instrucción adecuada o no ha tenido oportunidades para aprender, si los modelos de conducta que sigue no son los correctos y si el trato que se le da incide negativamente en su estado.

Causas evolutivas. El médico busca otras razones para el trastorno. Para ello tienen en cuenta si el nivel de desarrollo del niño es inferior al normal, es decir, si tiene dificultades para moverse en comparación con otros niños de su edad, si es más bajo de lo normal, si pesa menos, si no coordina sus movimientos, si se retrasa en el habla, si es el único de la clase que no se comunica todavía, o si es muy pequeño para el grupo al que ha sido asignado.

Método de evaluación

En casa, los padres se relacionan con su hijo y probablemente sufren todos los síntomas mencionados, pero no suelen darle importancia. Hasta los tres años, uno lo espera todo de un niño tan pequeño: no tiene en cuenta sus distracciones o que no se esté

quieto. En otras épocas, a un niño hiperactivo nadie le hacía caso, o le quitaban los humos con más dureza de la necesaria. Es normal pensar que cuando el pequeño llegue a la escuela cambie o, por lo menos, esperar que, al no tenerlo tanto tiempo en casa, el problema se mitigue.

SI EL NIÑO NO ES TRATADO adecuadamente, su autoestima disminuirá porque sus notas serán malas a pesar de haberse esforzado en lo posible.

Erasmo no es como todos los niños, pero sus padres no lo supieron hasta que fue a la escuela. Cuando tenía tres años sólo los pingüinos y uno seres muy cariñosos que vivían bajo tierra lo mantenían quieto ante el televisor al menos durante cinco minutos. También le atraían los anuncios, ese mundo de colores cambiantes que parece diseñado para niños hiperactivos. Pero tal vez una de las cosas que más desesperaba a su familia era ver la rapidez con que se cansaba de los juguetes nuevos: reaccionaba como si en lugar de ser objetos fuesen anuncios, porque desaparecían de sus manos al cabo de unos segundos. La única manera de mantenerlo distraído era interactuar continuamente con él, es decir, jugar con él a lo que fuera, prestándole la atención que no podía mantener con las cosas.

En la escuela, el maestro es el primero en advertirlo. En ese caso, envía el niño al psicólogo del centro escolar. A partir de ese momento los padres tendrán que ponerse en marcha. Lo normal, hoy en día, es que acudan al pediatra en busca de consejo. Este especialista está capacitado para evaluar el trastorno y enviará el niño a un psicólogo o a un psiquiatra según el grado de la alteración. El psicólogo estudia los síntomas y establece un patrón de tratamiento. El psiquiatra infantil –profesional más adecuado si el caso está muy claro– puede, además de evaluar y establecer un criterio de tratamiento psicológico, prescribir fármacos.

MUCHOS NIÑOS CON trastornos de conducta son hiperactivos, pero no todos. Tampoco todos los niños hiperactivos sufren trastornos de conducta.

El médico ha de averiguar si el niño no padece otro trastorno que produce los mismos síntomas o parecidos. Pedirá un examen físico exhaustivo para averiguar si tiene problemas neurológicos, genéticos u orgánicos relevantes. Deberá considerar incluso si presenta problemas de visión o de oído. Comprobará la alimentación, que el niño no padezca alergias o haya sufrido alguna intoxicación, como la ya mencionada del plomo.

Después, el especialista rellenará los cuestionarios pertinentes, parecidos a los del apartado anterior, y los comparará con los síntomas y diagnósticos ya establecidos en ellos. Asimismo entrevistará a los padres y a los maestros, y es posible que también lo haga a personas conocidas del niño. Tendrá en cuenta el nivel socioeconómico, el ambiente familiar, las condiciones de la vivienda, la disciplina en casa, las normas, los horarios, el comportamiento de los progenitores y otros factores diversos.

Los padres deberán llenar unos cuestionarios como los mostrados en el apartado anterior, pero mucho más amplios, sobre el comportamiento del niño en diferentes situaciones y dar su propia puntuación para que el médico pueda extraer conclusiones. Este profesional insistirá en que respondan a cuestiones de comportamiento del niño en las situaciones más conflictivas:

OTROS SÍNTOMAS TAMBIÉN
frecuentes en los niños
hiperactivos son el retraso en
el desarrollo de habilidades y
una escasa capacidad para
relacionarse con los demás.

reuniones, fiestas, trabajos escolares y, sobre todo, mientras hace los deberes de matemáticas, que es cuando tiene más problemas y se pone más a prueba su paciencia. Estos cuestionarios se incluirán en la tercera sesión del entrenamiento para los padres.

En cuanto a los maestros, el médico tendrá que evaluar su actitud frente al niño problemático, saber cómo actúa en casos de crisis, si es autoritario, si le castiga, si no le hace caso. El colegio le aportará datos referentes al comportamiento del pequeño y a sus calificaciones.

Lo único que falta ahora por hacer es evaluar el nivel intelectual del niño y obtener los últimos datos hablando directamente con él y observándolo.

A continuación se elabora un perfil del comportamiento del pequeño y con todo lo recogido anteriormente se hace el diagnóstico y se establece el tratamiento.

Puede parecer que todo este proceso es extremadamente complicado, pero forma parte del tratamiento ya que, una vez que se empiezan a analizar todos los síntomas del niño, se están sentando las bases de su recuperación. Cuantas más cosas sepan los padres sobre el trastorno y más se impliquen en los métodos que tendrán que usar a partir de ese momento, más satisfactorios serán los resultados.

Más de la mitad de los niños que han padecido hiperactividad continúan teniendo síntomas cuando son adultos. Algunos padecen las secuelas, ya que les cuesta controlar sus propios impulsos y concentrarse en lo que están haciendo. Es posible que no hayan hecho en su vida todo lo que hubieran querido y se sientan algo frustrados porque son conscientes de lo que les sucede. En este caso, deben ponerse en manos de un psiquiatra e iniciar el tratamiento adecuado.

UN POCO MÁS DE LA MITAD de los niños hiperactivos sigue presentando alguna alteración de este tipo cuando es mayor.

Tratamiento farmacológico

- Estimulantes contra la hiperactividad
- Pasos a seguir en la medicación
- Efectos comprobados

Tratamiento farmacológico

Ahora que ya tenemos diagnosticado el trastorno y sabemos que se manifiesta en la incapacidad del niño para reprimirse, para inhibir una conducta que tiende a ser desordenada o para controlar sus respuestas ante los estímulos del medio en el que vive, vamos a abordar su tratamiento.

EL MÉDICO ES QUIEN DECIDE la dosis y el momento de administración del fármaco.

Lo deseable sería que un entrenamiento adecuado fuera suficiente para hacerle cambiar de hábitos. Esto significa enseñarle a comportarse como un niño sin el trastorno, lo que los especialistas denominan un tratamiento cognitivo-conductual. Desde el punto de vista del niño se trata de un aprendizaje, que no sólo le afecta a él sino también a sus padres y educadores, que son quienes tendrán que saber en primer lugar cómo tratarle y enseñarle.

Es posible, sin embargo, que el niño tenga un problema más grave originado por alguna causa biológica –de tipo neurológico o genético– o por alguna enfermedad o accidente. En ese caso será preciso recurrir paralelamente a un tratamiento farmacológico para que se tranquilice. Se trata del recurso más efectivo y menos deseable de todos. El médico que haya valorado todos los cuestionarios y haya iniciado las pruebas es quien debe decidir la idoneidad de este tipo de tratamiento.

Algunos autores consideran que cualquier intento de mejorar el estado del niño ha de pasar por el uso de fármacos a fin de que se tranquilice antes de empezar con la segunda parte del tratamiento: el entrenamiento de su conducta para que pueda comportarse y responder como los demás niños.

Otros autores, cada vez más numerosos, prefieren el tratamiento de la conducta antes que el uso de unas drogas que pueden crear un hábito en el niño que, con muchas probabilidades, se prolongue a lo largo de su vida.

Estimulantes contra la hiperactividad

Lo más sorprendente del tratamiento farmacológico de la hiperactividad es que los medicamentos más adecuados son estimulantes. El más utilizado, por los efectos secundarios mínimos que produce, es el metilfenidato, nombre genérico que en España se comercializa como Rubifen y en América como Ritalin o Ritalina. Otros estimulantes que también se emplean en América son los genéricos dexedrina (dextroanfetamina) y pemolina, comercializados como Dexedrina y Cylert. En España, el único fármaco que contiene pemolina se llama Dynamin.

LO HABITUAL ES ESTABLECER una relación entre miligramos del medicamento y peso del niño en kilos y empezar por una dosis pequeña.

Los resultados de su utilización ya se observan a corto plazo: disminuye la actividad motora y aumenta la atención y la concentración de los niños. Entre un 60 y un 90 por ciento de los niños experimentan una mejoría con el uso de estimulantes. Debido a este curioso efecto, algunos especialistas consideran que a un niño no puede diagnosticársele definitivamente hiperactividad hasta que se le aplica un estimulante y se comprueba que sus efectos son positivos.

La edad ideal para prescribir estimulantes parece estar entre los seis y los doce años, es decir, en la fase terminal del trastorno. Por encima de esa franja puede ser peligroso porque es más probable que cause adicción; y antes de los seis años es más difícil evaluar sus efectos.

Erasmo está en esa edad en que los médicos se plantean el uso de estimulantes. En la consulta del psiquiatra, Pedro ha conocido a dos padres que los utilizan con sus hijos. Uno de ellos, Marcos, tiene un niño con un grado muy elevado de hiperactividad. Debe darle una pastilla de Rubifen por la mañana y media por la tarde para que pueda cenar tranquilo y duerma unas cuantas horas en paz. El otro, Román, tiene una hija de siete años a la que empezó a dar Rubifen hace un año y el cambio fue espectacular, de modo que ahora ya está reduciendo la dosis para evitar que tenga dependencia de por vida. Pedro ya ha decidido que a Erasmo no le dará estimulantes porque responde muy positivamente al tratamiento, hasta el punto de que la hija de Román ha empezado a tomarlo como modelo para dejar el medicamento.

El último recurso

A VECES, EL NIÑO EMPEORA con el tratamiento: es preciso asegurarse de que la dosis es correcta y de que no está sufriendo estrés por alguna otra causa.

Actualmente, lo habitual es intentar corregir los problemas del niño mediante técnicas psicoterapéuticas; sólo en casos graves se aplica el tratamiento farmacológico. Por ello, que ningún padre piense que el pediatra recetará al niño una caja de metilfenidato y con eso todos los problemas quedarán resueltos.

Los estimulantes, que en este caso pueden llamarse psicoestimulantes, elevan el nivel de actividad del cerebro y la disponibilidad de algunos neurotransmisores, potencian los sentidos y disminuyen la fatiga, con lo que se facilita el esfuerzo intelectual.

La ventaja del metilfenidato es que tiene muy pocos efectos secundarios sobre el sueño y el apetito. Los estimulantes, por lo común, producen insomnio e inapetencia, además de una subida de la tensión sanguínea y la aparición de hábitos nerviosos como los tics. Su aplicación en niños hiperactivos no está relacionada, por lo que se sabe hasta ahora, con el uso de drogas en la adolescencia y la madurez. Su abuso puede producir como efecto que el niño esté embotado. En Estados Unidos se ha utilizado este argumento para realizar campañas en su contra.

El efecto rebote

Uno de los temores asociados al uso de psicoestimulantes, así como de cualquier droga, es que cuando pase el efecto los síntomas vuelvan con más fuerza que antes, en una especie de efecto rebote que incrementa la ansiedad, la angustia y la sensación de pozo sin fondo que padecen los drogadictos y que obliga a tomar el narcótico cada vez en dosis mayores.

En el caso de la hiperactividad es raro que se produzca este efecto, aunque hay niños que por la noche, cuando se les pasa la acción del fármaco, se vuelven más nerviosos e inquietos porque retornan a su estado habitual.

De todas maneras resulta muy poco frecuente que su agresividad se incremente por esta causa. En estas circunstancias, los médicos aconsejan a los padres que suministren al niño una dosis más pequeña.

El uso de los estimulantes tiene que ser muy bien estudiado por el médico, porque cada niño es un caso diferente y los resultados no son iguales. Hay pequeños a los que les produce un mayor efecto el metilfenidato y otros a los que les ayuda más la pemolina.

Las dosis se suministran empezando con cantidades muy pequeñas –en miligramos por cada kilo que pese el niño– y aumentando la proporción a medida que se observan los efectos. Ésta es una de las dificultades del uso de fármacos: su acción se produce en el discurrir de la jornada y, como el niño no puede permanecer encerrado en un centro de observación, debe hacerse en la escuela y en casa.

LOS PADRES DEL NIÑO tratado con fármacos no deben hacerle saber que su mejoría se debe sólo a ello, pues le estarían creando un complejo muy negativo.

Evaluación en la escuela

La escuela es el lugar adecuado para hacer la evaluación porque es donde el niño va a encontrarse con los mayores problemas de su trastorno. La única condición es que quienes lleven el control sean profesores preparados para valorar tanto el rendimiento académico como los efectos secundarios. Han de observar si el niño se mueve menos, si atiende más, si mejora en sus notas, si se duerme en clase, si desarrolla tics nerviosos que antes no tenía o si come menos. Deben aportar todos estos datos al médico, quien, junto con el psicólogo, determinará si debe aumentarse.

NUEVE DE CADA DIEZ NIÑOS hiperactivos mejoran con la medicación, pero la mayoría necesita ayuda no farmacológica para aumentar su rendimiento escolar.

Pasos a seguir en la medicación

En primer lugar, una vez hechas todas las pruebas necesarias y diagnosticada la hiperactividad, el médico receta la medicación y explica a los padres cómo administrarla.

La segunda fase consiste en controlar al niño a diario en todos los ámbitos. Cómo se comporta, qué notas obtiene, sus relaciones con los demás, los efectos negativos del estimulante, etcétera. Conviene que los padres y los educadores hagan las observaciones durante las primeras horas después de la medicación.

EXISTE UNA RELACIÓN ENTRE ausencia de un entorno familiar e hiperactividad, trastorno que se da con más frecuencia en niños que crecen en instituciones.

En la tercera fase se analizan estos resultados y se hacen pruebas variando las dosis y repitiendo las observaciones, hasta que se encuentra cuál es la dosificación más baja que produce resultados positivos en el niño.

Por último, el profesional, con todos estos datos, debe decidir si merece la pena continuar el tratamiento farmacológico, si no se producen efectos secundarios y si la mejora justifica el riesgo.

Efectos comprobados

Se ha demostrado que los psicoestimulantes mejoran la concentración de los niños hiperactivos y su capacidad para atender y para expresarse. Pero cuando el niño tiene problemas de aprendizaje es preciso añadir el tratamiento psicológico para que se aprecie una mejoría.

Los fármacos dan como resultado un comportamiento menos antisocial y violento con los compañeros, una menor frecuencia de las mentiras y una reducción en la destrucción de objetos debida a rabietas o a impulsos incontrolables. Los niños tratados molestan menos en clase y se comportan mejor que antes de tomar la medicación.

Si bien los resultados son muy variables dependiendo de los niños, los efectos citados son más o menos generales. Si el niño no se ve impulsado a dar respuestas incontroladas, es más fácil que se lleve bien con sus compañeros y que los maestros no tengan que estar tan pendientes de su comportamiento.

En cambio, en lo que se refiere al aumento de la capacidad de aprendizaje, no todos los estudios coinciden, aunque en ningún caso los efectos son negativos.

Por otra parte, tiene cierta lógica que si el niño está más tranquilo y puede atender mejor, se incremente su capacidad de aprender. Pero también es razonable que, si no se le enseñan los métodos adecuados, pierda el tiempo o se quede embobado. El niño continúa necesitando una atención especial: no una vigilancia para que no moleste a los demás, sino un estímulo que le posibilite aprender.

Qué tener en cuenta

Antes de decidirse por los fármacos, el médico ha de tener en cuenta una serie de factores que conviene que los padres conozcan también. Los hemos extraído de los estudios de R. A. Barkley, uno de los especialistas más reputados en este tema.

- El caso ha de ser muy evidente.
- El niño no debe tener menos de cuatro años en ningún caso.
- Los psicoestimulantes están contraindicados si el pequeño padece ansiedad, trastornos psicosomáticos o ya tiene tics que se acentúan con el fármaco.

LOS FÁRMACOS REDUCEN LA actividad motora del niño e incrementan su concentración.

- El tratamiento tiene que seguirse durante un tiempo determinado para estudiar sus efectos.
- La opinión del niño sobre la medicación es importante y puede afectar a los resultados.
- Hay que tener en cuenta las variables neurofisiológicas del pequeño y sus posibles problemas físicos.

En resumen, el uso de estimulantes quizá en algún caso haga que el niño tenga menos apetito y que pierda peso, incluso que su crecimiento sea más lento; sin embargo, por lo general los beneficios del tratamiento superan a los inconvenientes.

Estrategias
contra la hiperactividad

En casa
En la escuela

Estrategias contra la hiperactividad

Aparte de los tratamientos farmacológicos, los de tipo conductual y cognitivo también se han revelado eficaces en los niños hiperactivos. Actualmente se prefiere hablar de técnicas de modificación de conducta y de técnicas cognitivo-conductuales. Si bien estos nombres impresionan un poco, una vez comprendido en qué consiste cada uno de los métodos, son sencillos de aplicar.

CONVIENE PREGUNTAR AL NIÑO qué cosas le gustan o interesan y adecuar, así, el plan a su caso.

En esencia, el tratamiento conductual intenta controlar el comportamiento del niño mediante una reacción de una manera determinada a cada uno de sus gestos. Con ello se trata de crear un ambiente favorable en el que las recompensas y los castigos conformen la vida diaria.

Los castigos, muy leves y específicamente estudiados para el niño hiperactivo –por ejemplo, no hacerle caso–, tienen como finalidad erradicar las conductas no apropiadas. Las recompensas –felicitarle, estar siempre muy atento cuando hace algo bien– están destinadas a mejorar su comportamiento. Poco a poco, al pequeño se le van encomendando tareas más complicadas y se le felicita de la misma manera que se haría con un niño de una edad mucho más temprana. Así, descubre que produce mucha más satisfacción corresponder a lo que de él se espera que tratar de imponerse o dejarse llevar por impulsos que generan indiferencia o animadversión.

Por su parte, el tratamiento cognitivo incide sobre las dificultades del niño para organizarse y para expresarse con claridad. Se trata de enseñarle cómo tiene que pensar por medio de un entrenamiento que le ayudará a hacer frente a los fracasos y, por supuesto, a asumir los éxitos.

Plan de acción

Por estrategia se entiende el conjunto de acciones coordinadas para conseguir un determinado fin. El primer paso siempre ha de ser conocer el problema a fondo. Si estuviéramos hablando de una contienda, diríamos que lo primero que hay que hacer es conocer bien al enemigo, en este caso, el trastorno de déficit de atención con hiperactividad (TDA-H).

Una vez conocido el trastorno en términos generales –uno de los objetivos de este libro–, es preciso averiguar cuáles son las actitudes que se han de modificar en el niño. Hay que descubrir todos sus puntos débiles y anotar con todo tipo de detalles cuál es su comportamiento en cada situación. Esta estrategia guarda relación con los cuestionarios que había que rellenar para determinar el grado de su problema, pero ahora tienen una finalidad más concreta.

A partir de las notas tomadas se obtiene una idea básica de cuál es la actitud del pequeño en términos generales y se establece un plan de acción para modificar comportamientos.

Los especialistas lo denominan programa para el manejo de contingencias, es decir, de sucesos tanto posibles como imprevistos. En él se consignan los procedimientos a seguir en cada situación de conflicto.

El plan sigue varias líneas de actuación diferentes con un objetivo común. Se trata de cercar al enemigo desde todos los frentes posibles.

El enemigo es un trastorno que exige ser abordado mediante dos técnicas: con la primera el niño aprende a controlar su comportamiento y con la segunda aprende a pensar por sí mismo.

Dado que ambas técnicas tienen como finalidad que el niño acabe haciendo las cosas por sí solo, se denominan de autocontrol y de autoevaluación. Es necesario que los padres y los educadores reciban el entrenamiento adecuado para aprender a modelar la conducta del niño.

Una vez los padres y los educadores saben cómo actuar en cada momento y ya han llevado a cabo el plan establecido, tienen que evaluar el resultado de sus acciones y compararlo con la línea básica de conducta establecida antes del tratamiento. De este modo se determina si el niño ha mejorado.

LOS PADRES TIENEN QUE demostrar confianza y respeto hacia el pequeño y aceptarlo como es.

En casa

Ahora ya sabemos que nuestro hijo es hiperactivo, tiene un trastorno y necesita un tratamiento. Algunos especialistas proponen cursos básicos para padres en los que se desarrollan las líneas básicas de la estrategia que deben seguir en casa. Nosotros hemos hecho una pequeña síntesis de un curso de este tipo y lo hemos dividido en siete sesiones.

DE ENTRADA, HAY QUE proporcionar al niño un hogar bien organizado, en el que los horarios de las actividades más habituales, como las comidas, sean lo más fijos posible.

Primera sesión

Tiene un carácter introductorio e informativo. Se explica a los padres qué es la hiperactividad y se les recomienda una serie de lecturas referentes a este trastorno.

Segunda sesión

Los padres reciben unas nociones generales sobre comportamiento frente a su hijo y se les explica la importancia que tiene su relación con el pequeño, sobre todo para que no lo dejen de lado cuando se comporte de manera inadecuada. Por lo tanto, se les insta a actuar como padres: es decir, a restringir las actividades descontroladas del niño y a prestarle la máxima atención.

Tercera sesión

Esta vez los padres vienen acompañados del niño. Bajo la supervisión del especialista, los padres observan cómo juega el pequeño y anotan las particularidades que observan, pero sin intervenir en ningún momento. El objetivo de la sesión es que los padres aprendan a mejorar su atención sobre el niño y a realizar anotaciones sobre su estado y sus progresos.

Cuarta sesión

En esta sesión los padres aprenden a hacer que el niño obedezca mediante la utilización de todos los recursos positivos al alcance de ellos. El especialista elige algunas órdenes para que los padres las pongan en práctica en casa. Asimismo, se les enseña la técnica denominada del refuerzo positivo y el sistema de puntos.

María y Pedro han descubierto que la televisión puede ser un buen recurso para que Erasmo no les moleste cuando tienen una visita: han conseguido que les obedezca cuando le dicen que se distraiga mirándola. No ha sido fácil. La televisión se convirtió en un elemento de su aprendizaje cuando supieron cómo captar la atención de Erasmo. Hicieron que el pequeño jugara en una habitación con el aparato a un volumen bastante alto. Fue María la que empezó a utilizar el truco de quitar el volumen, lo que atraía la atención del niño ante un cambio en su entorno. María también aprendió a mantener la mirada de Erasmo y así hacer que se sintiera empujado a obedecerla.

PARA QUE LOS PADRES conozcan mejor a su hijo se les propone que jueguen con él un rato cada día.

Quinta sesión

Tal vez sea la más difícil de llevar a la práctica. En ella los padres aprenden cómo hacer que su hijo obedezca utilizando los castigos. Tienen que saber mantener la disciplina con el niño. Si bien volveremos a hablar de esta cuestión, adelantamos que el castigo más habitual es el de aislar al pequeño cuando se porta mal. En inglés se denomina *time-out* y en español se ha traducido por «tiempo de privación». Consiste en enviar al niño a un rincón determinado de la casa durante un tiempo fijado cada vez que se porta mal. Si, por ejemplo, pega a su hermana, se le ha de hacer comprender que se le envía a otra habitación precisamente porque no puede evitar mostrarse agresivo.

El castigo debe ser inmediato, no sirve aplicarlo horas después. El rincón debe estar en otra habitación y la duración del castigo ha de ser de entre tres y cinco minutos según la edad del niño. Se

CADA VEZ QUE SE IMPONGA UN castigo, los padres deben anotar todos los detalles, incluida la respuesta del niño.

empieza con tiempos muy cortos y se van alargando si persiste en su actitud. Si se empecina en no cumplir el castigo, se añade un minuto más por cada minuto que se niegue, o se le quitan algunos de los privilegios que tiene, como montar en bicicleta o acostarse más tarde los sábados.

Sexta sesión

Sirve de revisión de las cinco sesiones anteriores.

Séptima sesión

En ella se hace un análisis de la situación al cabo de varias semanas. Algunos especialistas alargan las sesiones hasta nueve y repiten algunas de ellas, sobre todo las que hacen referencia a la disciplina y a la obediencia tanto dentro como fuera de casa.

En esta primera sesión siempre se recomienda a los padres la lectura de algún libro de divulgación sobre la hiperactividad para aclarar conceptos. Se les insiste en que se trata de un trastorno de larga duración y se procura crear un clima en el que expresen libremente lo que sienten, pero sin caer en críticas y reproches.

La conducta de los padres

Como hemos dicho, la segunda sesión del entrenamiento se centra en la conducta de los padres, que no sólo refuerza la que deben adoptar los educadores en la escuela, sino que es tanto o más importante que la que se impone en el colegio.

Los padres tenemos que saber decir «no» al niño cuando es necesario y explicárselo. Para ello hemos tenido que ganarnos su respeto con una conducta ordenada, que mantenga una coherencia en su conjunto. No podemos prohibirle una cosa y dejar que un par de horas después la haga delante de nosotros sin inmutarnos. Cuando se le ordena algo, conviene hacerle entrar en razón. Muchos padres que odian la violencia se extienden en explicaciones a su hijo ante cualquier actividad. «Quiero que te portes bien, que no grites ni toques nada en casa de mi amiga, porque la

aprecio mucho y no quiero que se enfade, y porque quiero que vea que tengo un niño que se comporta muy bien y del que me siento muy orgullosa.»

No nos cansaremos de repetir que los padres deben prestar atención a su hijo: tienen que hablar con él y escucharle, darle consejos y explicarle todos los proyectos que puedan afectarle.

Por otra parte, los progenitores han de actuar siempre mostrándose positivos. Su modo de proceder y de comportarse servirá de modelo a su hijo. Tienen que proceder con tranquilidad, no ponerse nunca nerviosos –o, al menos, no evidenciarlo– delante del niño. Han de aparecer también como ejemplos de persona responsable para su hijo, para sí mismos y para los demás, porque el niño observará y repetirá lo que vea en casa. De nada sirve quejarse de que el niño es un atolondrado que no se fija en nada: puede que no se fije, pero seguramente se da cuenta de las cosas.

Resulta de utilidad que los padres sepan lo que quiere su hijo, cuáles son las cosas que le gustan. Si, por ejemplo, le apetece comerse un helado, prométanselo si hace los deberes. Conociendo los gustos del niño, no es difícil ganárselo.

Además, deben felicitarlo cuando haga alguna cosa bien, y no tienen que esperar a que acabe alguna tarea para demostrarle su cariño. El niño hiperactivo necesita, más que nadie, que le acaricien, le besen, le estimen y le estimulen.

En resumen, deben aceptarlo como es. No imaginarse que será el primero de la clase sólo porque esté empezando a mejorar de su trastorno. Probablemente no será uno de los mejores estudiantes, pero aprenderá y que lo haga ya tiene que ser un estímulo suficiente.

María mantiene un contacto directo con Cinta, una de las profesoras de Erasmo. Se encuentran en una cafetería delante del colegio en horas libres e intercambian experiencias, porque hay una relación directa entre los progresos del niño en la escuela y en casa. Cinta explica a María lo que el pequeño ha aprendido ese día y le propone que refuerce ese comportamiento en casa con algunas actividades, como felicitar a Erasmo cuando se plantee a sí mismo en voz alta cómo va a resolver una tarea determinada según el método que ha interiorizado. Una vez al mes se reúne un grupo de padres y profesores para hablar de los niños, y se les dan pautas comunes a todos ellos. Además, un día a

LOS PADRES DEBEN SABER QUE es muy gratificante participar con el niño en sus trabajos escolares.

la semana María y Pedro conversan con un profesor para estudiar los progresos de Erasmo y valorar el grado de satisfacción de todos los implicados.

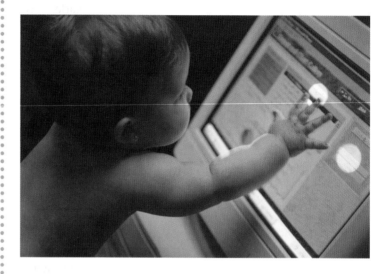

LA CURIOSIDAD DEL PEQUEÑO le lleva primero hacia lo nuevo, y luego a mirar con más detalle lo que le interesa.

La vida familiar

Los padres deben llevar una vida organizada y bien estructurada, con unas pautas muy claras en cuanto a horas de levantarse, de comer, o de dormir, y sin cambios bruscos. Las visitas inesperadas no siempre pueden evitarse y a veces son un problema. A los niños hiperactivos tampoco les gustan las visitas a otras casas: de hecho, ya a cualquier niño le ponen nervioso porque están llenas de situaciones inesperadas, así como de otras esperadas y temidas –las presentaciones, los agradecimientos–. Con paciencia puede conseguirse que el niño sienta satisfacción por hacer las cosas bien. Quizás encontremos algún tipo de pequeña recompensa si besa a una amistad y demuestra que le cae simpática.

Cuando el niño realice alguna de las actividades domésticas que se le han encomendado, está bien agradecérselo con naturalidad, sin exageraciones: debe saber que sus papás son conscientes de que se está portando bien.

Si está previsto algún cambio importante en la vida familiar, como mudarse de domicilio, unas obras que provoquen grandes molestias, o una separación, hay que preparar al niño con tiempo. Lo mismo cabe decir si se produce una alteración de horarios por un cambio de trabajo de uno de los progenitores.

Al parecer, a los niños hiperactivos les gusta que todas sus actividades estén normalizadas y controladas. Es bueno para ellos seguir las reglas de los mayores y que éstos vean que las cumplen. Puesto que carecen de madurez, tampoco tienen la iniciativa necesaria para que se les deje solos. En este sentido, decirles «haz lo que quieras» no parece una decisión muy sensata.

El niño debe participar en las tareas domésticas. Por ejemplo, realizar la limpieza de su habitación y ayudar en la preparación de la comida (pelar guisantes, hacer zumos, etcétera) no tiene por qué quedar al margen de sus habilidades. También puede poner la mesa o llevar la ropa sucia al cesto de la colada. Conviene que el pequeño se acostumbre, al igual que todos los demás niños, a que no sea su mamá quien lo haga todo, y no sólo pensando en su futuro como adulto, sino en que para él puede ser una actividad constructiva y distraída.

Todos necesitamos que se nos reconozcan las cosas, pero un niño hiperactivo es mucho más sensible y, si piensa que lo que hace con tanto esfuerzo no le importa a nadie, dejará de realizarlo para llamar la atención. Si se equivoca y hace algo mal, hay que explicárselo de nuevo y corregirlo.

ES BUENA IDEA EXPLICAR AL niño por qué debe hacer las cosas y utilizar un lenguaje sencillo.

Las anotaciones de los padres

Es posible que a estas alturas los padres estén hartos de rellenar cuestionarios para determinar cuál es el grado de hiperactividad de su hijo, pero los que tratamos en este apartado tienen un carácter diferente.

Son el primer paso de la estrategia para ayudarle. Los anteriores servían para valorar el trastorno, los de ahora se utilizan para

elaborar un plan de respuesta a cada una de las situaciones con las que se encuentran en casa.

De entrada, los padres tienen que anotar las actitudes del niño en casa que no consideran adecuadas: no escuchar, romper cosas, no hacer los deberes, no estar sentado más de treinta segundos, despertarse cada dos horas, pelearse con sus hermanos, perder las cosas, protagonizar berrinches espectaculares, interrumpir constantemente a los demás miembros de la familia, no querer acostarse o tener que perseguirlo para comer. Hay que consignar incluso acciones más sutiles, como que el pequeño se lave mucho las manos, se chupe el dedo, se detenga en la calle a mirarse los pies o vuelva la cabeza de manera inesperada.

Con el fin de ayudar a los padres en esta tarea existe una serie de cuestionarios preparados para que anoten los problemas de sus hijos. Son muy parecidos a los que se rellenan para determinar el grado de hiperactividad, pero en este caso han de servir para conocer en qué se equivoca el pequeño y para planificar las respuestas. En concreto, hay un tipo de cuestionario que se centra en las circunstancias en que el niño se comporta de manera poco adecuada: cuando juega solo, cuando juega con otros niños, durante las comidas, cuando se viste, cuando mira la televisión, cuando hay visitas, en las tiendas, restaurantes o en otros lugares determinados, cuando se lava o baña, cuando va en coche, cuando se le pide que haga algo, cuando se va a dormir o cuando está su padre en casa.

AL PRINCIPIO LOS PADRES piensan que es mejor dejar al niño que haga lo que quiera, pero pronto aprenderán que ésta no es la actitud correcta.

De este modo, si sabemos qué hace mal y cuándo, tendremos una información más completa para trazar un plan adecuado. No hace falta estar todo el día pegado al niño. Basta con observarlo y, si repite una acción con frecuencia, anotarla.

Una de las cosas más curiosas que descubrieron los padres de Erasmo fue que tenía la manía de pellizcarse las piernas cuando estaba sentado a la mesa. Por alguna razón, el niño parecía querer despertarse a sí mismo cuando tenía que comer, o trataba de convencerse de forma inconsciente de que debía quedarse quieto, o, simplemente, se había convertido en un gesto incontrolable. María se dio cuenta de unas rojeces en sus muslos pero no descubrió la causa de ellas hasta que empezó a rellenar un cuestionario sobre sus gestos más persistentes y tanto ella como Pedro se fijaron en lo que hacía cuando escondía los brazos bajo la mesa y contraía la cara de dolor.

Los refuerzos positivos

Con este nombre se denominan las recompensas que se dan al niño cuando se porta bien. Prestarle atención, alabarlo siempre que haga algo bien, acariciarlo, besarlo, contarle cuentos o regalarle un helado son ejemplos de refuerzos positivos para su conducta. Los padres muchas veces sólo se fijan en las cosas que el pequeño hace mal y piensan más en los castigos que en los premios. Si bien los progenitores se sienten bien cuando su hijo tiene éxito, es raro que le den un premio proporcional al castigo que le impondrían si hubiera fracasado.

Además de los elogios, una manera de recompensar al niño hiperactivo que resulta útil es regalarle puntos cada vez que hace una cosa bien o entregarle unas fichas diferentes según el tipo de situación. Los puntos pueden anotarse en hojas de papel; cada una es un punto que obtiene el niño por una tarea bien realizada. Cuando ha sumado una cierta cantidad, tiene derecho a un regalo. Naturalmente, los padres deben haber confeccionado una lista de premios o recompensas (golosinas, helados, etcétera) y de privilegios (acostarse una hora más tarde o ver la televisión). Cada vez que el niño actúe como se espera de él tendremos que darle un punto, o más, según lo pactado. Cuando el niño quiera algo, ya sabe lo que tiene que hacer: sólo así obtendrá las cosas que más le gustan.

CUANDO EL NIÑO REALIZA con frecuencia una determinada actividad que debería modificar, es conveniente anotarlo.

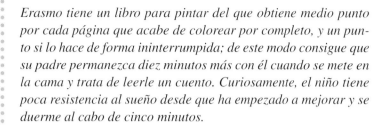

LA EXPERIENCIA DEMUESTRA que si se felicita al niño cuando está sentado y no se le acribilla a recriminaciones cuando está de pie, aumenta su deseo de estar sentado.

Erasmo tiene un libro para pintar del que obtiene medio punto por cada página que acabe de colorear por completo, y un punto si lo hace de forma ininterrumpida; de este modo consigue que su padre permanezca diez minutos más con él cuando se mete en la cama y trata de leerle un cuento. Curiosamente, el niño tiene poca resistencia al sueño desde que ha empezado a mejorar y se duerme al cabo de cinco minutos.

Esto convierte la vida familiar en un juego en el que participan padres e hijos (lo ideal es que tengan más de cuatro o cinco años). Como no se puede estar toda la vida dependiendo de los puntos, al cabo de cierto tiempo deben irse eliminando las actividades que merecen un premio. Si cada vez que el niño se hace la cama le tenemos que comprar un helado, al cabo de cierto tiempo nos vamos a encontrar con un problema. Podemos cambiar las recompensas, pero, en general, el niño acaba perdiendo interés en estos juegos, aunque el objetivo a medio plazo se habrá conseguido y el pequeño habrá aprendido una serie de cosas que debe hacer porque están bien, porque recuerda que en su día fueron gratificantes.

La edad es determinante a la hora de elegir el método y el tratamiento. La mayoría de ideas de este libro se dan para niños que tienen entre cuatro y seis años, porque es cuando empiezan a tener problemas de hiperactividad. A esas edades, las normas y las recompensas las establecen los padres, y el niño debe aprender a respetarlas. El sistema de puntos, que incluye recompensas a medio plazo que se tienen que razonar, es más eficaz a partir de los seis hasta los ocho años. Cuando el niño ya tiene once o doce años, los premios deben discutirse con él y han de guardar una gran coherencia.

Las fichas

Algunos especialistas prefieren el uso de fichas a los puntos. En este caso, las fichas son diferentes según el tipo de actividad y el privilegio a que opte el niño. Pueden ser las cartas de una baraja, una tarjeta con media, una o dos estrellas, o incluso con una cara sonriente o con algo escrito que las diferencie. El objetivo es darle unas fichas si se comporta en el supermercado y otras si, por ejemplo, se porta bien en casa de la abuela. La recompensa también sería distinta y estaría fijada de antemano. Cuatro fichas de supermercado darían opción a un helado y cuatro fichas por haberse portado bien en casa de la abuela, a una hora más de televisión.

Los contratos

A partir de los once años resultan útiles los contratos porque, si bien tienen la misma base que las fichas o los puntos, se establecen negociándolos con el niño. Éste acepta una determinada obligación ante sus progenitores a cambio de un premio, que puede ser una asignación semanal. Es un cambio importante porque hasta ahora los padres actuaban con un poder absoluto y desde este momento tienen que contar con las opiniones del hijo.

Algunos autores piensan que los contratos ya pueden establecerse a partir de los seis años. En este caso, los padres piden al niño que actúe de una manera determinada y negocian con él cuál será el premio o el castigo si no lo hace. Los especialistas lo denominan contrato de contingencias y es una especie de pacto sobre lo que sucederá según cómo se porte el niño.

La disciplina

Dar órdenes y que el pequeño las obedezca implica una cierta disciplina. Lo más normal es que al principio no haga caso. Por eso, detrás del hecho de que haga lo que se le ordena hay unas normas de conducta que tienen que cumplirse.

Disciplinar significa castigar a quien haya faltado a las normas de conducta. Es desazonador tener que castigar a un niño con problemas, pero es por su propio bien. De no hacerlo, persistirá en su actitud y a la larga saldrán perdiendo los padres y el niño.

SI EL NIÑO ACEPTA BIEN el castigo hay que premiarle cuando más adelante realice alguna acción positiva.

Que nadie se alarme: los castigos no son casi nunca físicos ni se recomienda que lo sean. El objetivo de los castigos es que el pequeño tenga muy claro lo que debe hacer y lo que se espera de él, y que conozca las consecuencias de su actitud. El niño hiperactivo se deja arrastrar por sus impulsos, no tiene tiempo de evaluar lo que le puede suceder antes de responder y no sabe que toda mala acción tiene una respuesta negativa.

Si la conducta desordenada del niño tiene poca incidencia, es mejor no darle importancia; si es grave –y esto depende mucho de quién lo controle– hay que hacer algo. Los tres tipos de castigos básicos son el aislamiento, el coste de respuesta y la sobrecorrección, precedidos todos ellos de la advertencia.

Erasmo adquirió una costumbre que sus padres tuvieron que sancionar de forma insistente hasta que dejó de practicarla. María tenía una buena amiga en el rellano de su escalera y, cuando salía a hablar con ella un instante, el niño le cerraba la puerta sistemáticamente. Los gritos de «¡Erasmo, abre la puerta!», sin duda le resultaban excitantes al principio. Lo hacía siempre que tenía oportunidad, hasta que sus padres decidieron castigarle con el aislamiento y la pérdida de puntos. Ahora, aunque se le presente la ocasión, prefiere no dejar a su madre en la escalera.

La advertencia

Es importante que antes de aplicar alguno de los castigos se advierta al niño de que está haciendo una cosa que no está bien y de que se le está avisando.

Es conveniente establecer un tiempo entre el aviso y el castigo, permanecer tranquilos, sin hacerle caso, y después acercarse a él con intención, de forma que el pequeño sienta que ha pasado el tiempo y la tensión crece. Si es de muy corta edad, puede servir contar en voz alta hasta diez, por ejemplo.

El aislamiento

Es uno de los métodos más eficaces y ya lo hemos presentado en el ejemplo de la cuarta sesión de entrenamiento a los padres. Consiste en hacer que el niño permanezca en el rincón más aburrido de la casa. Es un tipo de castigo apropiado para corregir las intromisiones en las charlas de los mayores o en las actividades de los hermanos cuando no debe hacerlo.

LAS RECOMENDACIONES DEL médico o el psicólogo deberían ampliarse con el aprendizaje de algunas técnicas de control del comportamiento.

El tiempo de castigo ha de ser breve cuando el niño es muy pequeño y mayor a medida que tenga más edad. Lo mejor es aislarlo en el cuarto de baño, el lavadero o el recibidor, donde no encontrará nada para distraerse. Repetimos que su duración debe ser corta: es mejor repetirlo muchas veces que aplicar un tiempo más largo.

El coste de respuesta

Es un tipo de castigo por el que el niño pierde privilegios y premios. Dejará de ver la televisión, no comerá ese helado que tanto ansiaba o no saldrá a jugar.

Los castigos han de aplicarse en el momento en que se ha cometido la acción punible. En caso de que los padres empleen el sistema de sumar o restar puntos, deben procurar que no dejen de tener validez las acciones positivas que ha hecho antes. El método de las fichas puede ser útil para separar unas actividades de las otras y brinda más opciones a la hora de elegir qué es lo que le quitamos.

La sobrecorrección

Consiste en hacer que el niño compense una mala acción con otra de carácter positivo, pero algo más costosa, de ahí el uso del prefijo «sobre»: por ejemplo, no basta con que limpie lo que ha ensuciado, sino que ha de limpiar algo más. Los padres que utilicen el sistema de puntos deben establecer –pongamos por caso– que una acción que realizada tiene el valor de un punto, cuando deje de hacerse implique la pérdida de dos.

> **El tipo de castigo a aplicar depende muchas veces del sentido común,** pero conviene tener establecido un plan de antemano para estar seguros de cuál debe ser la opción elegida y el modo de ponerla en práctica en cada caso, sobre todo porque ni todos los niños ni todos los padres son iguales.

La forma de aplicar estos castigos depende de cada niño y de los planes que se hayan trazado los padres, pero como norma general hay que decir que no debe abusarse de los castigos, aunque tampoco puede permitirse que el niño se acostumbre a hacer lo

ANTES DE AISLAR A UN NIÑO hay que advertirle y, una vez decididos a castigarle, ha de saber el tiempo que permanecerá en esa situación.

que quiera. Por ejemplo, si llega tarde a la mesa y hemos decidido que cuando todos se levanten permanezca en la silla dos minutos. Si volviera a hacerlo deberíamos aumentar el tiempo en que el niño tiene que permanecer sentado.

El cachete

EN LAS SESIONES DE entrenamiento se hacen ver a los padres los problemas con los que aún no se han encontrado para que puedan afrontarlos en su momento.

Sólo excepcionalmente debe castigarse al niño físicamente. Por ejemplo, cuando decide que no quiere obedecer y se empeña en marcharse. En este caso puede ser adecuado que se le sujete del brazo para retenerlo y tal vez sea conveniente un cachete en el trasero. Naturalmente, un golpe dado con la mano abierta y sin gritarle. La norma general es que el castigo debe aplicarse sin voces que le hagan sentirse el centro de atención: los gritos no sirven y, además, los olvida fácilmente. Es posible que la respuesta del pequeño sea un berrinche en ese momento, pero debe quedarle claro que no puede salirse con la suya.

La violencia

La violencia, en cualquier niño, propicia, además de todos los problemas asociados –ansiedad, frustración, ansias de revancha–, que vuelva a repetir la acción a modo de desafío. El contacto con la violencia hace que el pequeño la considere normal y sea violento con sus hermanos o amigos. El niño que recibe muchos golpes en casa suele comportarse a golpes con sus compañeros y puede incluso llegar a sentir una especie de placer en los moretones propios y ajenos o en el hecho de pelearse.

Lo dicho hasta aquí sobre la violencia puede aplicarse a todo tipo de niños, pero en el hiperactivo las consecuencias se multiplican, por eso hay que tener más cuidado. Es posible que el padre se sienta más frustrado que el chico y que una actitud violenta hacia él genere problemas en la familia porque quizá la madre no esté de acuerdo con ese proceder. La presencia de un niño hiperactivo exige mucho autocontrol a los padres.

¿Es tan fiero el niño como lo pintan?

No lo es, pero tampoco el niño hiperactivo es un angelito. Es una criatura que padece un trastorno y que se retrasa en el colegio porque madura despacio, no entiende bien las cosas y tiene problemas para expresarse. Si ya es difícil hacer entender a un niño normal un sistema como el de los puntos y los premios, pensemos en lo que puede llegar a costarle a uno hiperactivo, que tiene un problema de falta de atención y que está claro que no lo aprenderá a la primera. Aunque pueda parecer que exageramos, hay que ser conscientes de que no hablamos de un niño simplemente muy activo, sino de una criatura que tiene un trastorno.

LAS SALIDAS A LUGARES públicos con el niño exigen una planificación: lo más adecuado es recordarle cómo debe comportarse y cuáles serán los castigos y las recompensas.

Sin embargo, como la hiperactividad presenta muchos grados, es posible que en nuestro hijo sea leve. Si es así, será mucho más fácil que estos métodos funcionen. Los padres que piensen que es duro anotar las cosas que el pequeño hace bien, las que tiene que hacer y las recompensas, han de pensar que más duro es prestarle atención todo el día y no por ello dejan de hacerlo. Cuando vean los progresos del niño sentirán una gran satisfacción por él y porque ellos han dado los pasos en la dirección correcta.

La recompensa no debe considerarse un soborno. No ha de concederse a regañadientes. Muchas veces, la mejor recompensa es demostrar alegría o prestar atención.

HAY QUE PROCURAR QUE EL niño no se acostumbre a los castigos pero tampoco deben dársele excesivas explicaciones cuando se apliquen.

En el caso de los niños hiperactivos se ha hablado mucho del castigo buscado por él mismo. A veces, parece que hace algo mal para que reparen en él, porque quiere que le presten atención. De hecho, les pasa un poco a todos los niños: cuando nadie les hace caso empiezan a portarse mal. El pequeño debe aprender que no ha de interrumpir a sus padres cuando están hablando con alguien, y que eso no quiere decir que no se le tenga en cuenta. Hay que enseñarle cuáles son las normas de conducta en estas situaciones. Es posible que al empezar haya que recompensarle con algo. Después, a medida que crezca, le bastará con una sonrisa, unas palabras de agradecimiento o una caricia.

Cuando Pedro y María salen de compras y se llevan a Erasmo cuentan con Ana, su hermanita, para que lo distraiga. Lo malo es cuando el pequeño va sólo con uno de sus progenitores. Por ejemplo, a María le da mucha rabia estar hablando con alguien en el mercado y que Erasmo empiece a tirarle de la falda, a quejarse –«¡Vámonos, mamá!»– y a lloriquear. Es propio de niños consentidos y ella se ha esforzado mucho para que baste con decirle: «¡Estáte quieto cinco minutos y te dejaré llevar el carro de la compra!» –una de las raras pasiones de Erasmo– para que obedezca.

Los mensajes que se den a un niño hiperactivo deben ser muy claros y fácilmente comprensibles. Por lo general, hay que explicarle las cosas como si fuera más pequeño, sobre todo en lo referente a los sentimientos de las demás personas.

Desahogarse

Hay que comprender que el niño, como cualquier persona, necesita desahogarse. En este sentido es conveniente que disponga de un espacio donde pueda correr y romper todo lo que quiera. Puede tratarse de una habitación sólo para él o de un parque cerca de casa al que se le pueda llevar con frecuencia. Es muy poco factible que el niño se esté quieto todo el día. Dependiendo del grado de hiperactividad y del nerviosismo que la criatura vaya acumulando, esos tiempos deben establecerse muy seguidos, por ejemplo, cada media hora permanecer diez minutos en una habitación absolutamente desordenada.

En la escuela

El método conductual y el cognitivo están más claramente separados en la escuela que en casa. En el hogar se utilizan mayoritariamente las técnicas conductuales o de modificación del comportamiento, ya que los padres no tienen tiempo de proporcionar conocimientos a sus hijos. En la escuela, el educador, además de aplicar estas técnicas –con el obstáculo de tener que trabajar con más niños a la vez–, incide en el método cognitivo y enseña a pensar al niño.

Técnicas conductuales

El proceso inicial es el mismo que siguen los padres en casa. En primer lugar, el educador ha de determinar los problemas del niño, luego hacer una síntesis en lo referente a su conducta, después establecer un plan de contingencias con los procedimientos a seguir en cada caso, y, por último, llevarlo a la práctica y evaluar los resultados.

El educador se marca dos líneas de conducta: tratar de incrementar los comportamientos adecuados del niño por medio del refuerzo positivo –mediante alabanzas, premios y privilegios– y reducir los comportamientos inadecuados utilizando para ello ciertos castigos –el aislamiento, el coste de respuesta o la extinción–.

Como en el caso de los padres, los profesores tienen que establecer, ante una acción equivocada, cuál es el comportamiento correcto, aplicar inmediatamente el refuerzo positivo, hacerlo con frecuencia e intentar que el niño sienta interés por las cosas que le convienen.

A un niño hiperactivo no se le debe ordenar simplemente que se siente porque tenderá a estar de pie más tiempo para llevar la contraria. En cambio, sí conviene que se le felicite con énfasis

LOS OBJETIVOS DEL tratamiento en la escuela son dos: hacer que aumenten las actitudes correctas y que disminuyan las erróneas.

EL SISTEMA MÁS APROPIADO para castigar a los niños mayores cuando no se comportan es el de la pérdida de privilegios pactados de antemano.

cuando está sentado. Tiene que comprender que llama más la atención cuando hace las cosas bien.

El refuerzo positivo

Hay cuatro maneras de poner en práctica el refuerzo positivo: por medio de alabanzas, es decir, haciéndole ver el mérito que tiene lo que ha hecho; prestándole la atención adecuada; mediante el contacto físico, y con recompensas y privilegios, estrategia de la que ya hemos hablado en apartados anteriores.

Cuando a Erasmo se le diagnosticó que era hiperactivo, sus padres tuvieron que cambiarlo de colegio. Valió la pena, porque en éste había profesores preparados y con experiencia en este tipo de niños. En cuanto a Erasmo, lo primero que le sorprendió fue que le felicitaban en clase cada vez que se sentaba, que le sonreían a menudo y que al salir le alababan como si hubiera hecho algo muy positivo. La frase «¡Erasmo, siéntate!», tan habitual a sus oídos, en este colegio no le aturdía a cada momento. El primer día de clase empezó a descubrir que hay cosas por las que merece la pena esforzarse, y otras que generan una indiferencia muy poco estimulante.

El contacto físico con niños hiperactivos resulta muy eficaz: al pequeño le gusta que los adultos se sienten cerca de él cuando tienen que hablarle.

Una palmada cariñosa, un beso, sentárselo en las rodillas, abrazarle como recompensa, hacerle cosquillas, son positivos para el niño, que nota que se le tiene en cuenta.

La atención en una clase donde hay muchos niños no puede centrarse de manera exclusiva en un solo alumno. Los profesores tienen que atenderlos a todos. Sin embargo, dado que la atención es un potente reforzador, conviene que el educador la dirija al niño hiperactivo.

Puede hacerlo mirándolo a menudo, sonriéndole, formulándole preguntas fáciles, de modo que el pequeño no tenga que hacer nada por su parte para llamar la atención. Fuera de clase, también puede darle breves conversaciones o programar actividades y colaborar con él.

Por otra parte, el profesor debe saber que, si el niño se porta mal y le presta atención sólo en el momento en que le lanza una advertencia, está reforzando su comportamiento erróneo: precisamente ésta es la situación en que ha de retirarle la atención.

Ayudar con elogios

Al igual que en casa, el motivo del elogio debe explicarse con claridad. El niño tiene que saber por qué se le felicita: «Muy bien, Miguel, has recogido las migas de tu merienda y las has echado en la papelera, así me gusta». En la explicación se incluyen comentarios positivos para el niño, como «estos números son muy bonitos, me gustaría que siempre los hicieras de esta forma, y están muy bien puestos, uno detrás de otro».

LOS ELOGIOS NO SUELEN bastar y tienen que verse reforzados con las estrategias que incluyen recompensas pactadas.

CUANDO SE ELOGIA AL NIÑO NO conviene recordarle acciones erróneas del pasado.

Los elogios deben formularse siempre sin ironías –como «ya era hora», «por fin»–. Aunque el motivo de la alabanza sea una cosa sencilla que todos los niños acostumbran a hacer bien, conviene una sonrisa, una felicitación con la mirada, una caricia de premio por haber conseguido terminar algo que se le ha encomendado.

Sin embargo, si no la ha terminado no hay que criticarle. En vez de eso, debe instársele a que continúe y lo finalice: «Ahora sigue, acaba lo que has empezado tan bien».

Pablo es un maestro con un don especial para tratar a niños difíciles. Se comporta con ellos como si tuviera un guión preparado y el resultado es toda una demostración de cómo pueden hacerse las cosas bien sin esfuerzo aparente. Otros profesores lo pasan mal con alumnos como Erasmo porque les enoja tener que interrumpir sus lecciones para prestarles atención. Estos educadores tienden a mostrarse indiferentes, lo que en ocasiones funciona, pero les cuesta saber en qué punto deben intervenir y mucho más decir la frase correcta o seguir la estrategia idónea para obtener buenos resultados.

Recompensas y privilegios

En esta cuestión tampoco hay demasiada diferencia con lo que debe aplicarse en casa ni por supuesto tiene que haberla para evitar contradicciones.

Una norma fundamental consiste en que los premios –al igual que los castigos– se materialicen inmediatamente después de la acción que los ha propiciado.

Al igual que los padres, los profesores saben que al niño hiperactivo le cuesta aprender, de manera que han de ser persistentes en sus refuerzos, mucho más que con el resto de los niños.

Una dificultad añadida para los profesores es que, si tienen en clase más de un niño con problemas, han de establecer actitudes y recompensas diferentes para cada uno, ya que cada uno de ellos es distinto.

Erasmo ha aprendido en la escuela que la costumbre que adquirió en su casa de pedir algo a cambio de estarse quieto unos instantes no sirve. En el colegio las cosas son diferentes y ahora en casa también: los padres saben que no pueden hacérsele concesiones cada vez que amenaza con un alboroto.

Castigos en la escuela

En la escuela hay una serie de técnicas pensadas para disminuir el comportamiento inadecuado del niño. Básicamente son las mismas que se aplican en casa, pero con la dificultad añadida de que el educador debe bregar con más niños y, por tanto, cuesta más mantener el orden.

Aislamiento

También conocido como *time out* o tiempo de privación, en la escuela sólo se utiliza para reprimir acciones muy llamativas y es útil para niños de entre dos y diez años. Las pautas son las mismas que las dadas para el aislamiento en casa: primero se efectúa una advertencia al niño, y, si no obedece, se le envía al rincón más aburrido de la clase y se le explica la causa sin añadir la coletilla de «porque eres malo».

Tampoco son recomendables los discursos morales, porque atraen demasiado la atención sobre el niño, que es lo que desea. Se le hace saber el tiempo del castigo y se aplican los correctivos que ya hemos mencionado en apartados anteriores: añadir más tiempo al castigo si se niega.

También es importante que, cuando acabe el castigo, se le recompense con una alabanza en el momento en que haga su primera buena acción.

Pérdida de privilegios

El educador establece una lista de las actitudes y su coste y se las hace saber al niño. Por ejemplo, «si te levantas de la silla y corres por el pasillo te quedarás dos minutos más cuando se acabe la clase» o «si pegas a un compañero no podrás utilizar el color verde durante media hora en la clase de dibujo» –si sabemos que es un color que le gusta–.

Los costes se van sumando si reincide, y se cambian a menudo para que no se acostumbre. Es una estrategia adecuada para niños ya más mayores.

LOS DOS TIPOS DE CASTIGO más frecuentes para modificar la conducta del niño son el aislamiento y el que se denomina coste de respuesta.

La extinción

Se trata de la técnica más difícil de aplicar en clase: consiste en no prestar atención al niño después de que haya cometido una acción inadecuada. Es el paso previo a poner en práctica el aislamiento o la pérdida de privilegios. Supongamos que el niño inicia una pantomima para llamar la atención. El profesor le ve hacer muecas y trata de enmendar su conducta simulando que no se da cuenta. El alumno insiste, se vuelve grotesco. El profesor resiste. Al cabo de dos minutos el pequeño, aburrido, cesa sus muecas. El peligro es que sus compañeros se rían y le animen, entonces la broma puede convertirse en una pesadilla. En ese caso hay que llamarle la atención con una primera advertencia. Se esperan dos minutos. Si sigue, será preciso castigarlo. Naturalmente, esto exige del educador una gran templanza para no perder los nervios.

Las fichas

En ocasiones, el maestro utiliza también el sistema de fichas que los padres emplean en casa. Las fichas, que pueden equivaler a puntos o ser diferentes según el objetivo, deben formar parte de un plan preestablecido de recompensas si los niños alcanzan el valor que corresponde al premio. El problema de este sistema en la escuela es que, para que funcione, ha de ser compartido por la

PARA ENSEÑAR AL NIÑO A obedecer hay que explicarle las órdenes de una en una.

totalidad de los alumnos de clase. De todos modos, esta estrategia puede dar muchas satisfacciones al profesor porque los alumnos se lo pasan muy bien cuando alcanzan su objetivo. Este método está estrechamente relacionado con la autoevaluación, que veremos en el capítulo siguiente.

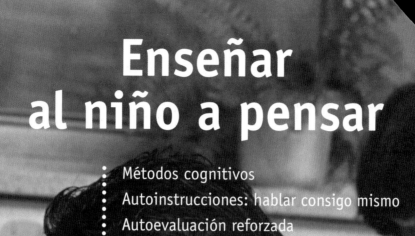

Enseñar
al niño a pensar

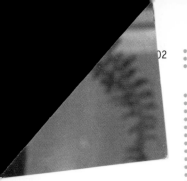

Enseñar al niño a pensar

Esta parte del tratamiento se centra en las dificultades que tiene el niño para pensar adecuadamente, para organizarse por sí mismo y para expresarse. Se trata de enseñar al pequeño a resolver problemas con ejemplos en casa y en el colegio. La estrategia es que padres y educadores le pongan en una serie de situaciones –tan diversas como un problema de matemáticas, un juego o, incluso, una escena familiar– y le enseñen a seguir unas pautas de comportamiento que más adelante tendrá que razonar por él mismo.

Métodos cognitivos

El planteamiento y la resolución de estas situaciones recibe el nombre de técnicas cognitivo-conductuales. Las que se han mostrado más eficaces son las autoinstrucciones y la autoevaluación reforzada. Ambas llevan el prefijo «auto» porque en última instancia están pensadas para que el niño aprenda a controlarse a sí mismo.

El uso del lenguaje constituye una parte muy importante de estas técnicas, ya que al niño se le enseña a pensar mediante preguntas que se va a hacer a sí mismo cada vez que se encuentre ante un dilema conductual. El tipo de preguntas y su orden son lo que se denomina autoinstrucciones.

EL USO DEL LENGUAJE
empieza con la adopción del
habla de los adultos.

Los padres tienen que conocer estas técnicas tan bien como los educadores, pues les servirán para ayudar a su hijo a hacer los deberes cuando sea necesario, así como para estimularle. El oso Arturo y el gato Copión –o invenciones similares– no han de ser personajes extraños en casa de un niño hiperactivo.

Autoinstrucciones: hablar consigo mismo

Uno de los objetivos de esta técnica cognitivo-conductual es eliminar la impulsividad que hace que el niño responda antes de haber escuchado la pregunta. Este entrenamiento fue desarrollado por D. Meichenbaum en los años setenta. Consiste en enseñar al niño a hablar consigo mismo cuando se enfrenta a una pregunta o a un problema.

Durante el entrenamiento, el educador habla consigo mismo y hace que el niño repita las preguntas. La primera es «¿qué tengo que hacer?». El niño repite: «¿Qué tengo que hacer?». El profesor expone el problema, por ejemplo: «Tengo que contar cuántas bolas azules y cuántas anaranjadas hay dibujadas en el papel que me ha entregado el maestro». El niño lo repite. Luego, el educador se pregunta: «¿Cómo tengo que hacerlo?», y el pequeño también lo repite.

Entonces, el educador traza un plan: «Será mejor que ponga un número encima de cada una de las bolas azules. Uno, dos; no, ésta es anaranjada –conviene que el maestro se equivoque para enseñar al niño a resolver dilemas–, vamos a borrar el número que hemos puesto encima. Estupendo, ya está –el niño sigue repitiendo las mismas palabras–. Sigamos. Tres, cuatro, lo estoy haciendo muy bien. Repite conmigo: "Lo estoy haciendo muy bien" –ambos lo repiten–. Cinco y seis. Hay seis bolas azules. Fantástico. Ahora vamos a contar las verdes».

Las alabanzas a sí mismo son el refuerzo positivo que necesitan las autoinstrucciones. El profesor debe insistir en que sólo tiene que pensar en lo que está haciendo. Se lo dice a sí mismo y lo hace repetir al niño.

LA TÉCNICA DE LAS autoinstrucciones requiere la colaboración total del alumno: hay que asegurarse de que razona lo que está haciendo.

En la fase siguiente, el pequeño resuelve por sí solo otro problema parecido: bajo la supervisión del educador, va diciendo las autoinstrucciones en voz alta. El paso que viene a continuación consiste en que las diga en voz baja hasta que por último sea capaz de hacerlo mentalmente.

Solucionar problemas

En una fase más avanzada, el niño tiene que aprender a solucionar problemas encontrando alternativas diferentes. Los pasos, obvios para nosotros, no lo son tanto para un niño hiperactivo.

En primer lugar, debe comprender que se va a encontrar problemas como éstos a lo largo de toda su vida, que son una cosa normal y que casi siempre tienen solución.

EL NIÑO SE GUÍA PRIMERO por las palabras del educador, pero en una fase posterior las interioriza y serán las que regulen su comportamiento.

Luego se le enseñará que, en general, los problemas tienen varias soluciones posibles. Se le ponen ejemplos: una mamá da a dos amigos de su hijo una bolsa de caramelos para que se los repartan, pero uno de ellos quiere quedársela para él solo. ¿Qué puede hacer el otro? Hay que enseñarle al niño las alternativas: una posibilidad es pelearse por ella, pensar que no le importa, acudir a una persona adulta, incluso negociar. Se le enseña al niño cuáles son las mejores opciones, la más rápida, la menos costosa, etcétera. Por último, se valora en clase la decisión adoptada por el niño.

Al principio es el educador quien guía los pasos del pequeño, pero poco a poco será éste quien desarrolle las alternativas basándose en los ejemplos que se le han presentado.

Un maestro muy peculiar

Para que los niños más pequeños –de preescolar y primeros cursos de primaria– aprendan las autoinstrucciones, se ha inventado el oso Arturo, un personaje cuya imagen puede colocarse sobre la pizarra en forma de láminas con cada uno de los pasos. El oso se pregunta en cuatro láminas: «¿Qué he de hacer?», «¿cómo he de hacerlo?», «¿estoy siguiendo el plan trazado?», y finalmente, «¿lo he hecho como había planeado?» o «¿cómo lo he hecho?».

El oso Arturo funciona muy bien si se utiliza acompañado del gato Copión, que pide a los niños que imiten en todo al maestro –como el propio felino hace– y que repitan cualquier cosa que diga y haga el educador mientras éste resuelve el problema haciéndose las preguntas en voz alta.

Erasmo nunca se lo había pasado tan bien como cuando él y sus compañeros acabaron de repasar las enseñanzas del oso Arturo por sí mismos. Sabían que si lo hacían bien recibirían el punto que les faltaba para una salida al parque y un partido de fútbol. Y empezaron a decir con énfasis: «¿Qué tengo que hacer?», «¿cómo tengo que hacerlo?», «¿lo estoy haciendo bien?», «¿cómo lo he hecho?». Cuando el profesor anunció el premio, después de combinar las autoinstrucciones con el refuerzo positivo, todos empezaron a felicitarse mutuamente. Era la primera vez que a Erasmo le felicitaban los demás compañeros y no cabía en sí de gozo. El jolgorio duró diez minutos y estaba impaciente por contárselo a sus padres.

Autoevaluación reforzada

Esta técnica es equivalente al sistema de puntos utilizado por los padres en casa. Sus principios son idénticos, pero su realización es muy diferente ya que el niño es quien se evalúa a sí mismo, es decir, hace una valoración de su comportamiento. La técnica empieza estableciendo una serie de normas de comportamiento que todos los alumnos deben cumplir siempre, en el colegio y en la calle, como no llevarse cosas o no pegar a nadie. Los pequeños colaboran en la confección de estas normas. Luego se escriben en la pizarra, se razonan, el educador les explica por qué han de cumplirse y se les advierte de las consecuencias de su incumplimiento. Posteriormente, por medio de un cuento se enseña a los

PARA QUE EL PEQUEÑO PUEDA empezar a evaluarse a sí mismo tiene que dominar primero el sistema de las autoinstrucciones.

niños un método para no olvidar las normas. Por ejemplo, mediante el oso Arturo, a quien su abuelo enseñará que la solución es colocar carteles en el aula.

Las normas quedan divididas en categorías según su grado de importancia y se asigna una puntuación a cada una de ellas. Es importante que todos los alumnos de la clase colaboren en este juego y que estén de acuerdo con los puntos que se van a obtener por cumplirlas.

NO HAY QUE OLVIDAR QUE EL niño hiperactivo necesita que le recuerden las normas continuamente, tanto en el colegio como en casa.

La autoevaluación consiste en darse puntos según lo que uno piensa que ha hecho bien o mal cada día. Las puntuaciones que se han dado los niños se comparan con las del profesor, y éste razona con ellos por qué se las ha dado. Al cabo de varias semanas, el juego sigue sólo con los niños hiperactivos. Pueden establecerse recompensas –por ejemplo, un partido de fútbol– como refuerzo si los puntos superan un cierto valor.

El niño hiperactivo, una vez alcanzada la fase de tratamiento individual, se puntúa a sí mismo junto con el educador al acabar la clase. Para que sea sincero, éste le da un premio si su evaluación coincide con la de él. Con el tiempo, el pequeño aprenderá a juzgar sus propios comportamientos y esto es lo más importante, porque le ayudará a corregir su principal problema: la ausencia de autocontrol.

En la actualidad, Erasmo es un niño con un buen criterio de autoevaluación. Es cierto que le queda mucho por aprender pero, cuando se le avisa, responde inmediatamente y cambia una posible acción negativa por otra correcta o esperada. Sabe muy bien cuál será la recompensa o el castigo. Sin embargo, lo mejor de todo es que ha empezado a encontrar cierta satisfacción en hacer las cosas bien por el hecho mismo de hacerlas y ha aprendido a felicitarse a sí mismo.

Conclusiones

Ahora que hemos llegado al final del libro no estará de más recordar algunas de las pautas presentes en la conducta de los niños hiperactivos así como los aspectos más delicados de los que hay que tomar conciencia.

LAS CONDUCTAS MÁS frecuentes de los niños hiperactivos son: cambiar de juego con frecuencia, no prestar atención a quien les habla, desobedecer y tener un exceso de actividad.

- El niño hiperactivo padece un trastorno de carencia de autocontrol, lo que le provoca falta de atención, impulsividad e hiperactividad, aunque el nombre genérico que se da a este trastorno suele aludir a su excesiva actividad motora.
- ¿Qué hacer con un niño con este tipo de problemas, que sufre frecuentemente, tiende a deprimirse, a tener accidentes y que nos pone tan nerviosos con su conducta? Lo primero es tener mucha paciencia y saber que existen métodos para que el pequeño mejore en todos los aspectos.

LOS NIÑOS APRENDEN A relacionarse con los demás básicamente en el seno de su familia.

■ Hay que colaborar con los médicos y los educadores, prestar atención a la marcha del niño y a las consecuencias de nuestra actitud en casa. Es preciso dedicarle unas horas cada día, establecer normas que tengan una recompensa o un castigo, observar todas sus actividades, descubrir dónde se equivoca, pensar qué hacer ante cada situación.

■ Para diagnosticar la hiperactividad y su grado habrá que rellenar cuestionarios sobre el niño y sobre nosotros. Una vez confirmado el diagnóstico hay que pasar a la acción y aplicar técnicas que modifiquen la conducta del pequeño por medios pedagógicos. En los casos más graves, quizá sea necesario complementarlas con un tratamiento farmacológico.

■ Los refuerzos positivos son muy importantes para tratar al niño hiperactivo. También es esencial no criticarle y evitar los comentarios negativos sobre su actitud. Con el tiempo y paciencia puede avanzarse mucho.

En fin, ya hemos visto muchas de las posibilidades que tenemos para educar a un niño hiperactivo. Sólo queda recomendar a aquellos padres que tengan un hijo de estas características que apliquen el sentido común y que mantengan un diálogo fluido con todos los profesionales implicados en la resolución del problema. En resumen, nada de violencia, una gran dosis de paciencia y mucho diálogo.

No hay que abandonar al pequeño a su propio destino. Los padres que reciban quejas del colegio sobre su hijo y que vean que muestra los síntomas que hemos mencionado en este libro deben acudir al pediatra. Hay que hacer lo necesario para que el niño tenga acceso a los mejores métodos y tratamientos para curar su hiperactividad, en caso de que ése sea el diagnóstico.

Suerte.

LOS PADRES DEBEN APRENDER que el niño no es el único responsable de su estado, y que la actitud de ellos es muy importante para una evolución positiva en un futuro inmediato.

R